AU FIL DES ANS

COLLECTION « AMÉRIQUE FRANÇAISE »

ISSN 1480-4735

La collection « Amérique française » regroupe des ouvrages portant sur le fait français en Amérique, en particulier à l'extérieur du Québec, soit en Ontario, en Acadie, dans l'Ouest canadien et aux États-Unis. La collection, conformément à la philosophie de la maison d'édition, accueille des manuscrits de langues française et anglaise.

Déjà parus :

Artisans de la modernité. Les centres culturels en Ontario français
Diane Farmer
2-7603-0427-2, 239 pages

Aux origines de l'identité franco-ontarienne. Éducation, culture, économie
Chad Gaffield
2-7603-0255-5, 284 pages

Le Deuil d'un pays imaginé.
Rêves, luttes et déroute du Canada français
Marcel Martel
2-7603-0439-6, 204 pages

Les Écrits de Pierre Potier
Robert Toupin
2-7603-0426-4, 1329 pages

Le Français des Canadiens à la veille de la Conquête.
Témoignage du père Pierre Philippe Potier, s.j.
Peter W. Halford
2-7603-0271-7, 380 pages

Néologie canadienne,
ou Dictionnaire des mots créés en Canada et maintenant en vogue de Jacques Viger
Suzelle Blais
2-7603-0479-5, 316 pages

ESTELLE HUNEAULT

AU FIL DES ANS

L'Union catholique des fermières de la province d'Ontario

de 1936 à 1945

Préface de Linda Cardinal

Collection
AMÉRIQUE FRANÇAISE

N° 7

Les Presses
de l'Université
d'Ottawa

Données de catalogage avant publication (Canada)

Huneault, Estelle
Au fil des ans, l'Union catholique des fermières de la province d'Ontario, de 1936 à 1945

(Collection Amérique française, ISSN 1480-4735 ; nº 7)
Comprend des références bibliographiques.
ISBN 2-7603-0510-4

1. Union catholique des fermières – Histoire. 2. Femmes en milieu rural – Ontario – Associations – Histoire. 3. Agricultrices – Ontario – Associations – Histoire. 4. Femmes catholiques – Ontario – Associations – Histoire. 5. Canadiennes françaises – Ontario – Associations – Histoire. I. Titre. II. Titre : Union catholique des fermières de la province d'Ontario, de 1936 à 1945. III. Collection.

HQ1909.O5H86 2000 305.4'06'0713 C00-900773-3

Les Presses de l'Université d'Ottawa remercient le Conseil des Arts du Canada et l'Université d'Ottawa de l'aide qu'ils apportent à leur programme de publication.

Nous reconnaissons l'aide financière du gouvernement du Canada par l'entremise du Programme d'aide au développement de l'industrie de l'édition (PADIÉ) pour nos activités d'édition.

Maquette de la couverture : Robert Dolbec

ISBN 2-7603-0510-4
ISSN 1480-4735

542, King Edward, Ottawa (Ont.), Canada K1N 6N5
press@uottawa.ca http://www.uopress.uottawa.ca

Imprimé et relié au Canada

En effet on a commencé dès le départ par spécialiser les femmes dans les problèmes dits « féminins » qui sont des problèmes mineurs. Assez rapidement elles ont compris qu'elles perdaient leur temps et que les questions importantes, celles qui engagent l'avenir, se traitaient ailleurs.

Armand Braun, *La promotion sociale en agriculture*, Cujas, Paris, 1965.

Remerciements

Je sais gré à ma directrice de thèse, Linda Cardinal, de m'avoir procuré l'encouragement et l'appui nécessaires pour me remettre à la rédaction de cet ouvrage après une convalescence difficile faisant suite à une intervention chirurgicale.

Mes remerciements bien cordiaux au Centre de recherche en civilisation canadienne-française de l'Université d'Ottawa qui m'a aidée financièrement. Une bourse offerte par le Centre m'a permis de faire au-delà de 1200 photocopies d'articles de journaux et de documents d'archives, maintenant déposés au Centre de recherche en civilisation canadienne-française en vue de servir à d'autres études sur l'Union catholique des fermières de la province d'Ontario. Enfin, je suis reconnaissante à Bernadette Routhier, archiviste passée maître dans son art, d'avoir signalé à mon attention des documents essentiels concernant en particulier la région de Windsor.

Table des matières

Abréviations

ACFEO	Association canadienne-française d'éducation d'Ontario
AFEAS	Association féminine d'éducation et d'action sociale
CRCCF	Centre de recherche en civilisation canadienne-française
UCC	Union catholique des cultivateurs de la province de Québec
UCF	Union catholique des fermières de la province de Québec
UCF	Union catholique des fermières de la province d'Ontario
UCFR	Union catholique des femmes rurales
UCFO	Union des cultivateurs franco-ontariens (1929-1941)
UCCFO	Union catholique des cultivateurs franco-ontariens (1941-1946)
UCFO	Union des cultivateurs franco-ontariens (de 1946 à aujourd'hui; après l'obtention de leur charte)
UCFO	Union culturelle des Franco-Ontariennes
UCKE	Union des cultivateurs de Kent et d'Essex
UFKE	Union des fermières de Kent et d'Essex
UFRKE	Union des familles rurales de Kent et d'Essex
WI	Women's Institute
YWCA	Young Women Christian Association

Préface

L'ouvrage d'Estelle Huneault que j'ai le plaisir de présenter a reçu, à l'automne 1998, le prix René-Lupien de l'École des études supérieures et de la recherche de l'Université d'Ottawa. Ce prix vise à souligner l'excellence dans le domaine de la recherche universitaire sur le Canada français. Cet honneur conféré à une chercheure de 75 ans lui rend pleinement justice. Permettez-moi d'abord de vous faire faire connaissance avec elle avant de dire un mot de son travail.

Estelle Huneault est une femme fière. Elle est retournée aux études après plus de trente-cinq ans de travail dans le domaine de l'éducation aux adultes, dans l'enseignement de l'artisanat aux personnes âgées et aux femmes vivant en milieu rural. Elle a notamment travaillé pendant vingt-trois ans (de 1946 à 1967) au service de la jeunesse et du loisir du ministère de l'Éducation de l'Ontario et douze ans (de 1967 à 1979) à la Résidence Saint-Louis pour personnes âgées à Orléans.

Par ailleurs, Estelle Huneault s'est intéressée très tôt à la cause du Canada français et à celle des femmes francophones de milieu rural de l'Ontario. En 1936, elle devient membre de la Jeunesse catholique canadienne-française. En 1967, elle est déléguée par l'ACFO aux États généraux du Canada français. Enfin, en 1993, elle devient présidente du conseil d'administration du Centre de jour pour aînées d'Ottawa-Carleton.

En 1946, elle commence à prendre part aux rencontres des cercles des fermières de la région de Prescott-Russell. En 1957, elle se charge des procès-verbaux et de la comptabilité de l'Union catholique des fermières de la province. Ayant toujours laissé ce travail au curé de la paroisse, les femmes font néanmoins confiance à Estelle Huneault et celle-ci, pour sa part, assume des responsabilités de plus en plus lourdes au sein de ce réseau de cercles de fermières. Ainsi, c'est grâce à l'action d'Estelle Huneault que l'Union catholique des fermières de l'Ontario devient, en

1969, un des fers de lance du renouveau franco-ontarien, dans lequel devait s'affirmer davantage les francophones de l'Ontario. Estelle Huneault fonde aussi l'Union culturelle des Franco-Ontariennes, qui, succédant aux cercles des fermières, permet aux femmes de recevoir une aide financière du gouvernement ontarien, de poursuivre des activités diverses de formation dans les domaines de la santé, du retour au travail, de la retraite afin de les amener à prendre une orientation résolument féministe. Ce parcours qui a abouti à l'adhésion au féminisme a parfois été malaisé mais Estelle Huneault a su montrer que l'UCFO a contribué au développement d'une culture francophone et féministe en Ontario sans pour cela rejeter complètement les traditions canadiennes-françaises et la vie en milieu rural.

Il est difficile de rendre justice à l'activité exemplaire d'Estelle Huneault dans le mouvement des femmes et du Canada français. En 1994, elle m'a demandé de diriger sa thèse de maîtrise sur l'histoire sociale de l'Union catholique des fermières de la province d'Ontario. C'était toute une responsabilité, car j'étais sa cadette de pas moins de trente ans. Au préalable, Estelle Huneault voulait savoir, pour en faire bénéficier les membres du regroupement, qui avaient été les fondatrices des cercles. Elle voulait vérifier si ces derniers avaient bel et bien été fondés dans l'Est ontarien. De façon concomitante, Estelle Huneault s'est attachée à analyser d'un point de vue sociologique et féministe les débuts des cercles des fermières en Ontario. Elle a effectué une analyse fine d'un matériel archivistique duquel elle a retiré les éléments lui permettant de retracer l'histoire de l'Union catholique des fermières de l'Ontario de 1929 à 1945. Ainsi Estelle Huneault a démontré que l'histoire de l'Union catholique des fermières de la province d'Ontario s'est inscrite dans un mouvement d'appropriation des femmes tant par l'État que par l'Église. Elle a ainsi établi que les cercles des fermières de l'Ontario ne sont pas que le fruit des intérêts communs à certaines femmes vivant en milieu rural, mais qu'ils sont également au service des gouvernements et des besoins de l'Église catholique dont elles ont fait les frais.

Mais l'appropriation n'est pas synonyme de soumission. Estelle Huneault ne fait pas sienne la vision négative de l'histoire du Canada français selon laquelle les femmes seraient demeurées soumises à l'autorité du clergé, comme on se plaît à le répéter dans l'historiographie courante, même révisionniste. Il semble tout à fait normal dans les études sur le Canada français d'avant les années soixante de dépeindre celui-ci comme une société rétrograde où les familles sont toujours nombreuses, pauvres et soumises à l'autorité du clergé. On a aussi affirmé qu'un matriarcat canadien-français expliquait l'incapacité du Canadien français à s'affirmer au sein de sa société. C'était là la thèse bien connue de Fernand Ouellet.

Dans son travail, Estelle Huneault a su éviter de tels stéréotypes. Ni passives ni matriarches, les femmes, dans son analyse, œuvrent dans des réseaux traversés par des luttes d'intérêts et de pouvoir entre des gouvernements, des associations et des ecclésiastiques. Ces femmes n'ont peut-être pas toujours été conscientes des enjeux qui se profilaient derrière la mise en place de leurs groupes. Toutefois, le phénomène n'a rien de particulier au Canada français des années trente et quarante. Estelle Huneault rappelle que, dans les milieux anglophones, les associations de femmes ont aussi été mises en place sous l'égide de regroupements masculins ou par des hommes sensibles aux difficultés des femmes vivant dans des sociétés rurales. Ainsi, sans en faire un sujet de sa recherche, Estelle Huneault fait aussi ressortir la spécificité du Canada français par rapport au Canada anglais et les rapprochements possibles entre ces derniers. En d'autres mots, tant au Canada anglais qu'au Canada français des femmes prennent part, dans l'ombre des groupes masculins, dont l'Église, aux mouvements d'action sociale au sein de leurs milieux respectifs. Ainsi, l'histoire de l'Union catholique des fermières de l'Ontario, que l'on a longtemps associé, par manière de dérision, au macramé et au tissage, permet de renouer avec un pan important de l'histoire du Canada français et avec la conception de l'action sociale de l'Église au cours des années trente et quarante, et ce dans l'optique de l'appropriation des groupes de femmes. Proclamées un nombre incalculable de fois « les gardiennes de la langue et de la race », les femmes apparaissent plutôt dans le travail de Mme Huneault comme des intermédiaires importants entre les institutions et la société civile. Le discours des « gardiennes » devient ainsi une forme du discours officiel sur les femmes, qu'il soit religieux, étatique, anglophone ou francophone. Il occulte malheureusement le rôle joué par les femmes au sein de la société civile de l'époque.

Le travail d'Estelle Huneault a également ceci de méritoire qu'il a réussi à démontrer l'existence d'un lien intime entre l'histoire des cercles de fermières au Québec et celle des cercles de fermières de l'Ontario, ce qui n'avait pas encore été tenté dans les travaux déjà publiés sur le sujet. Elle montre que le clergé québécois reprendra du milieu franco-ontarien le modèle de regroupement déjà mis en place par l'archevêché d'Ottawa. À l'époque, les cercles de fermières du Québec menaient la vie dure au clergé et n'entendaient pas se laisser dicter leur conduite. Les cercles de fermières se placent plutôt sous la protection du gouvernement du Québec, qui leur fournit de l'aide financière ainsi que les services d'agronomes afin d'aider les femmes à planifier la culture maraîchère et de s'initier à ce qu'on appelait à l'époque la petite industrie. Toutefois, à la suite des succès du clergé en Ontario, le cercle de Rimouski est le premier cercle au Québec à passer sous l'autorité du clergé en devenant une association professionnelle. Ce cercle n'avait donc plus droit à aucune subvention gouvernementale ni à aucune assistance de la part des agronomes. C'était toute une victoire pour les autorités religieuses qui tentaient d'accroître davantage leur autorité dans la société et dont l'action auprès des femmes les confirmaient dans leur rôle d'intermédiaire entre la vie privée et la vie publique.

Qu'en est-il des fondatrices de l'Union catholique des fermières de l'Ontario ? On a toujours cru qu'elles provenaient de l'Est ontarien, mais Estelle Huneault a montré que des cercles des fermières existaient déjà dans le sud-ouest de l'Ontario. On a l'habitude de dire que le militantisme franco-ontarien est né dans l'est de la province, mais on oublie que le sud-ouest de l'Ontario a déjà mis en place une communauté et un réseau associatif canadien-français pendant les années trente et quarante. Ainsi, Estelle Huneault met en évidence les traditions d'organisation existantes dans le sud-ouest de l'Ontario. Par contre, son cadre d'analyse à la fois sociologique et féministe lui a permis de faire plus qu'un simple portrait de la situation. À l'origine, les associations créées par les fondatrices de l'Union catholique des fermières de l'Ontario étaient marquées par la dynamique d'appropriation des groupes de femmes par les organisations masculines.

Ces quelques éléments d'analyse permettent de faire voir toute la richesse du travail d'Estelle Huneault. Toutefois, son ouvrage est d'abord et avant tout un ouvrage d'histoire sociale. Le travail minutieux et soigné de l'auteure dépeint l'histoire de l'Union catholique des fermières de l'Ontario jusqu'en 1945. Mme Huneault n'a pas étudié les autres moments de l'histoire des cercles de fermières. Elle s'intéressait surtout aux origines de l'Union catholique des fermières d'Ontario. Son souhait, qui est aussi le mien, est de voir d'autres chercheures retracer l'histoire de ces associations et de poursuivre l'étude des groupes de femmes francophones de l'Ontario dans le cadre plus général d'une histoire renouvelée du Canada français.

Linda Cardinal
Professeure titulaire de science politique
Université d'Ottawa

INTRODUCTION

Selon une certaine tradition, les cercles de fermières francophones en Ontario ont été fondés en 1937 à Rockland dans l'Est ontarien, lors d'un congrès de l'Union des cultivateurs franco-ontariens (UCFO). Mgr Guillaume Forbes, archevêque d'Ottawa, a approuvé l'établissement d'une association francophone, catholique et professionnelle pour les femmes rurales francophones de la partie ontarienne du diocèse, organisée selon les principes du syndicalisme agricole. Du côté québécois de la rivière des Outaouais, depuis 1921, les femmes rurales du diocèse d'Ottawa avaient choisi d'adhérer aux cercles de fermières dirigés par le ministère de l'Agriculture du Québec.

L'archidiocèse d'Ottawa englobe les deux rives de la rivière des Outaouais et est partagé entre la province de Québec et celle de l'Ontario. La partie du diocèse d'Ottawa qui nous concerne a cent vingt milles de longueur, allant des chutes Chaudières jusqu'au Saint-Laurent.

Jusqu'en 1986, ces quelques éléments de l'histoire des cercles de fermières francophones en Ontario étaient tenus pour acquis. Or, lorsque les fermières de Prescott et Russell ont commencé à préparer les célébrations du cinquantième anniversaire de fondation de l'Union culturelle des Franco-Ontariennes (UCFO), autrefois l'Union catholique des fermières de la province d'Ontario (UCF), des discussions se sont élevées entre les dirigeantes des cercles de Clarence Creek et de Wendover, situés dans l'Est ontarien. Les deux cercles revendiquaient la fondation du premier cercle de fermières de l'Ontario. Or, les documents du cercle de Wendover avaient été détruits dans un incendie. Les membres du cercle de Wendover fondaient leur prétention sur une déclaration de la présidente générale, Marie G. Senécal, qui, dans un avis de convocation d'un congrès de fermières en 1945, affirmait : « Le comité exécutif a choisi la paroisse de Wendover parce que c'est dans cette belle paroisse que s'est organisé le premier cercle de notre section féminine de l'Union catholique des cultivateurs franco-ontariens (UCCFO), le 16 mai 1937[1]. » D'autre part, Clarence Creek exhibait le procès-verbal de la réunion de fondation de leur cercle, le 1er avril 1937. Il fallait donc trouver d'autres documents pour pouvoir établir réellement qui avait fondé le premier cercle de fermières francophones en Ontario. Dans le vif du débat, les dirigeantes vinrent s'adresser à moi. Elles savaient que je m'intéressais à l'histoire des cercles de fermières. Je décidai de les satisfaire en en faisant le sujet de cet ouvrage. Pendant deux ans je me consacrai à la recherche qui est à l'origine de ce livre.

Je mentionnerai ici que, à ma grande surprise, j'ai découvert dans les fonds d'archives de l'hebdomadaire *La Feuille d'érable*, déposés au Centre de recherche en civilisation canadienne-française (CRCCF) à l'Université d'Ottawa, qu'en 1936 il existait déjà des cercles de fermières francophones dans les comtés de Kent et d'Essex, situés dans le sud de la province. Les fermières de Prescott et Russell n'avaient donc pas fondé les premiers cercles de fermières francophones en Ontario. De plus, au moment de leur fondation, le 25 janvier 1936, les fermières de Kent et d'Essex avaient choisi le nom d'Union des fermières de Kent et d'Essex[2]. Un compte rendu d'un congrès des cultivateurs des comtés de Kent et d'Essex, dans *Le Droit* du 2 février 1937, fait mention du groupe :

> La première journée, mercredi, est consacrée à l'Union des Fermières, fondée l'an dernier comme auxiliaire de l'Union des cultivateurs de Kent et Essex.

L'année suivante, le 27 octobre 1937, les fermières de Prescott et Russell ont créé des cercles appelés cercles d'arts ménagers, section féminine de l'Union des cultivateurs franco-ontariens de Prescott et Russell[3]. La célébration des fêtes du cinquantenaire a dû être devancée d'une année, en 1986, et le rôle de pionnier joué par les femmes de la région de Kent et d'Essex y a été souligné.

L'histoire des cercles de fermières en Ontario était donc en partie à refaire. C'est la principale raison qui m'a incitée à écrire cet ouvrage. Il fallait mettre les pendules à l'heure.

Une autre raison qui m'a motivée à entreprendre ce travail est que je voulais donner une suite à une étude menée en 1990 dans le cadre d'un séminaire de quatrième année en sociologie à l'Université d'Ottawa (un retour aux études après cinquante ans). La titulaire du cours nous avait proposé, comme travail de recherche, de retracer l'histoire d'un groupement de femmes francophones en Ontario. J'ai axé ma recherche sur l'engagement social des femmes rurales francophones ontariennes faisant partie de l'UCFO en vue d'établir si l'Union culturelle des Franco-Ontariennes, en 1990, se considérait comme un mouvement féministe.

J'ai été amenée à conclure que, du fait de l'orientation qu'elle avait prise durant les années soixante-dix, l'UCFO avait tous les caractères d'un mouvement féministe même si les membres avaient du mal à en convenir au cours des entrevues. Au Québec, dans le *Rapport de l'AFEAS sur la situation des femmes au foyer* (1984 : 91) Rita Therrien et Louise Joly Coulombe ont également fait les mêmes constatations. Étant donné l'image véhiculée par les médias, le terme « féministe » effraie les femmes, car, pour elles, il est synonyme d'extrémisme.

Depuis le début des années quatre-vingt, à cause du manque de prêtres, l'UCFO n'a plus d'aumônier dans les secteurs provincial et régional. Dans les paroisses, le curé continue à faire office d'aumônier. Est-ce une coïncidence si, depuis cette époque, le discours de l'UCFO sur le statut des femmes a évolué considérablement? Ainsi, à une assemblée générale annuelle, tenue à Bourget, en 1980, Lucille Lafrance, alors présidente provinciale de l'UCFO, avait lancé le mouvement de « prise de conscience de la place que devait occuper les femmes dans leur communauté ». On a discuté non pas de statuts et règlements à ce congrès, mais plutôt de « liberté et responsabilité » de la femme rurale dans sa communauté[4].

Il est vrai que dans les années quarante la notion de « liberté » est évoquée dans les premiers communiqués de l'Union catholique des fermières. Mais le terme renvoyait alors à la défense des droits religieux, linguistiques et politiques des Canadiens français. En 1990, prononcé par Lafrance, il évoque la revendication féministe, l'affranchissement d'une certaine tutelle. J'aurai l'occasion, plus loin, de revenir sur la contrainte imposée aux femmes rurales du Québec et de l'Ontario par les autorités ecclésiastiques et les dirigeants de l'Union catholique des cultivateurs.

En essayant de retracer les origines du mouvement des fermières en Ontario, je me suis aperçue qu'il était aussi difficile de faire l'histoire de l'Union catholique des fermières de l'Ontario en se basant sur des documents écrits que de faire celle d'un peuple sans écriture. Ces documents n'ont pas été conservés ou ils ont été perdus. Il fallait aller sur le terrain et se livrer à un véritable travail d'archivistique.

Toutefois, la thèse de maîtrise en sociologie soutenue par Marielle Labelle à l'Université d'Ottawa et portant sur les cercles de l'Union catholique des fermières du Nord ontarien, m'a aidée à préciser mon cadre d'analyse. Cette thèse écrite en 1984 s'intitule « La reproduction de l'appropriation dans des organismes de femmes francophones dans le Nord de l'Ontario : 1850-1950 ».

Elle tente de démontrer qu'il y a eu appropriation « visible ou invisible des groupes de femmes par le clergé » (Labelle, 1984 : p. 17). S'inspirant de la démarche féministe matérialiste suivie par Colette Guillaumin, elle affirme que les femmes sont opprimées et exploitées :

> Par opprimées, Guillaumin entend que les femmes sont empêchées dans la majorité des domaines de l'existence. Ce n'est nullement le droit des femmes que de décider de leurs actions.
>
> Les décisions sont prises à leur place, elles ne sont pas en position de pouvoir décider pour elles. Elles sont exploitées car les bénéfices prélevés sur leur temps, leur travail et leurs forces assurent une vie meilleure à la classe des hommes. Pendant que les femmes travaillent à maintenir l'harmonie au foyer ou ailleurs, les hommes jouissent des bénéfices sociaux et autres.
>
> Appropriées sont toutes les femmes [...]. L'accaparement de la force de travail des femmes se distingue des autres accaparements par le fait qu'il est sans mesure. En temps normal, la force de travail se mesure mais les services des femmes sont hors mesure. Elles font le travail gratuitement. (Guillaumin, cité dans Labelle, 1984 : 5)

De façon plus précise, Marielle Labelle examine le rôle de l'Église catholique dans la définition des buts et objectifs, des critères d'adhésion et dans l'organisation des activités de trois organismes féminins œuvrant dans le Nord ontarien : les Dames de Sainte-Anne, la Fédération des femmes canadiennes-françaises et l'Union catholique des fermières. En conclusion, l'auteure reprend son hypothèse de l'appropriation des femmes par le clergé. Selon elle, les femmes ont consacré temps et énergie à améliorer le sort des autres, sous la tutelle du « système clérical ». Elles se sont limitées à des changements sociaux mineurs. Leurs entreprises étaient tolérées à la condition qu'elles ne « dérangent pas trop le système existant » et qu'elles se limitent à la « sphère domestique » (1984 : 76).

L'auteur déplore le manque de documents concernant les débuts des cercles de fermières. Les curés, qui la plupart du temps étaient dépositaires des archives des cercles dans leur paroisse, n'avaient pas jugé important de les conserver (1984 : 14).

Elle déplore aussi qu'en Ontario on compte « très peu d'écrits sur les organisations volontaires de femmes laïques francophones » (1984 : 1), alors qu'au Québec les ouvrages sur les cercles de fermières sont plus nombreux. Cette remarque a éveillé ma curiosité, et j'ai découvert plusieurs publications et thèses de maîtrise portant sur la fondation des cercles de fermières au Québec. On a trouvera la liste dans la bibliographie placée à la fin de l'ouvrage.

Danielle Juteau et Nicole Laurin, dans *Un métier et une vocation* (1997), livre traitant du travail des religieuses au Québec de 1901 à 1971, poursuivent la réflexion de Guillaumin (1978) sur l'appropriation sociale et collective des femmes. Elles démontrent que les religieuses du Québec échappent à l'exploitation familiale, mais que, en tant que femmes, elles sont soumises à l'appropriation matérielle du fait qu'elles se sacrifient au bénéfice de l'Église.

Pour ces auteures, l'appropriation du travail des religieuses par l'Église comporte une dimension collective que Guillaumin formule ainsi : « le rapport de sexage étant un rapport de classes général où l'ensemble de l'une est à la disposition de l'autre » (1978 : 21-22). Elle ajoute : « [l]a classe des hommes dans son ensemble approprie la classe des femmes dans sa totalité et dans l'individualité de chacune » (1978 : 29).

Ce rapport de sexage était présent non seulement chez les religieuses du Québec mais aussi dans le contexte de la fondation de l'Union catholique des fermières. Les attentes des évêques à l'égard des fermières étaient les mêmes que celles des cultivateurs à l'égard de leurs épouses dans la sphère privée : elles devaient continuer à donner bénévolement de leur temps à l'Église comme elles le faisaient pour la famille et la ferme. Nous le constaterons à plusieurs reprises dans cet ouvrage, « l'appropriation se fait par l'intermédiaire de l'Église, institution gérée par des hommes et dans leur intérêt de classe » (Juteau et Laurin, 1997 : 19).

J'ai aussi retenu le livre de Yolande Cohen, *Femmes de paroles : l'histoire des cercles de fermières du Québec, 1915-1990* (1990), dans lequel elle décrit les effets que, au début des années quarante, la création par les évêques du Québec des fédérations diocésaines des cercles de fermières a eus sur l'organisation des fédérations agronomiques des cercles de fermières dirigées par le ministère de l'Agriculture du Québec. Les évêques reprochaient aux agronomes la trop forte emprise qu'ils avaient sur les femmes des cultivateurs. Toutefois les recherches de Cohen se sont limitées aux cercles de fermières du Québec alors que dans le diocèse d'Ottawa il y avait à l'époque des cercles de fermières dans les parties québécoise et ontarienne de la rivière des Outaouais.

Je me suis demandée si les luttes de pouvoir entre l'épiscopat québécois et les agronomes du ministère de l'Agriculture avaient un rapport quelconque avec le fait que des cercles de fermières s'organisaient à la même époque du côté ontarien de la rivière. Il m'est apparu que, si le rapport était établi, la fondation des cercles s'expliquerait par un conflit entre l'État et l'Église ou, à tout le moins, entre les agronomes et les aumôniers.

Ainsi, le fait de replacer les cercles de fermières dans le cadre des débats entre l'Église et les gouvernements permettrait de déterminer en quoi les groupes de fermières francophones de l'Ontario ont contribué au développement de la société canadienne-française. Par ailleurs, l'état de soumission dans lequel les groupes de femmes de l'Ontario étaient tenus par le clergé ferait partie d'un plan concerté visant à leur imposer l'autorité de l'Église tant au Québec qu'en Ontario.

Depuis 1931, l'Union des cultivateurs franco-ontariens était affiliée à l'Union catholique des cultivateurs de la province de Québec[5]. L'abbé Ernest Préseault, aumônier de l'UCC, des cercles de fermières, partie québécoise, et de la section féminine de l'Union des cultivateurs franco-ontariens, assistait aux réunions des aumôniers du Québec. L'abbé Préseault était au courant du conflit opposant les évêques et les agronomes au Québec. La partie québécoise du diocèse d'Ottawa se sentait impliquée et, avec son évêque, elle cherchait une solution au problème. En 1941, lorsqu'il a été décidé que les cercles d'arts ménagers, section féminine de l'Union des cultivateurs franco-ontariens (UCFO) seraient désignés sous le nom de Fédération diocésaine des cercles de fermières du diocèse d'Ottawa, il s'agissait « de répondre au désir de Monseigneur l'archevêque, Alexandre Vachon[6] », et la présidente des cercles d'arts ménagers demandait aux quinze cercles franco-ontariens de s'y conformer, comme l'avaient fait les cercles de fermières de la partie québécoise du diocèse quelques mois plus tôt.

La section féminine de l'UCFO a eu beaucoup de difficultés à trouver une dénomination qui la reflétait bien. Celle de cercle de fermières a rallié le plus de suffrages. Après avoir fonctionné sous quatre noms différents entre 1937 et 1945 : Cercles d'arts ménagers (1937), Fédération diocésaine des cercles de fermières (1941), Fédération des dames fermières (1942), Union catholique des femmes rurales (1943), les femmes ont adopté finalement, en février 1945, le nom d'Union catholique des fermières de la province d'Ontario[7], choisi et par la suite approuvé par Mgr Alexandre Vachon, archevêque d'Ottawa. Quelques mois plus tôt, le 19 octobre 1944, les cercles de fermières au Québec, qui avaient accepté de se conformer aux directives des évêques, allaient désigner de ce nom leur nouvelle « association catholique de fermières[8] ». En Ontario, c'en était fini des débats concernant la désignation des cercles de fermières. Par contre, au Québec, avec la fondation de l'Union catholique des fermières (UCF) s'amorçait une période de conflits entre cette dernière et les cercles agronomiques de fermières qui ont vu leurs effectifs diminuer considérablement. Simone Monet-Chartrand dépeint, dans *Pionnières québécoises et regroupement de femmes d'hier à aujourd'hui* (1990), la situation après la fondation de l'UCF :

> À Sherbrooke, à Nicolet, à St-Jean, à Québec, à Joliette, les paroisses se divisent en clans. Des curés ferment leurs salles paroissiales, d'autres ignorent les directives épiscopales [...]. Des pamphlets circulent, associant les Cercles de Fermières, œuvre de l'État, à une menace pour la religion catholique. Résultat : près de 10,000 Fermières décident d'obéir aux évêques et de se joindre à l'association rivale. (1990 : 202).

PROBLÉMATIQUE

Notre problématique est la suivante : pendant dix ans, de 1937 à 1947, les évêques francophones du Québec et du diocèse d'Ottawa ont travaillé de concert à mettre sur pied une association correspondant à leurs besoins et à leurs conceptions du rôle des femmes dans l'agriculture. Ils ont dicté le nom des cercles et établi les objectifs et les buts de l'Union. Les constitutions rédigées par l'aumônier étaient approuvées par l'archevêque d'Ottawa[9]. Quand le conflit les opposant aux agronomes du Québec s'est apaisé, ils ont continué leur encadrement par l'intermédiaire des aumôniers et des curés, bien que, en septembre 1944, Abel Marion, président de l'UCC du Québec, dans un mémoire remis aux archevêques et évêques du Québec, eût déclaré que l'Union catholique des fermières, dont il avait favorisé la fondation, était une association indépendante :

> Il faut également tenir compte du fait que les fermières se sont toujours, en général, soumises de mauvaise grâce à la tutelle de l'État et de ses fonctionnaires. Les dirigeants et les membres d'un grand nombre de cercles paraissent disposés à secouer cette tutelle et à participer à un mouvement provincial qui serait libre, autonome et indépendant des services de l'État[10].

Les évêques du Québec ont apparemment libéré les femmes des campagnes de la tutelle du gouvernement québécois en vue d'assurer, sous le couvert de la protection, leur mainmise sur l'Union catholique des fermières. Les autorités ecclésiastiques ont donné le ton à l'organisation ainsi qu'à son orientation. L'appropriation des femmes par le système clérical que Marielle Labelle a constaté dans les cercles de fermières du Nord ontarien, en 1984, remonte donc aux débuts de la formation des cercles dans Prescott et Russell, en 1937.

Notre hypothèse est que les femmes rurales de l'Ontario et du Québec ont dès le début fait les frais des conflits que les évêques ont eus avec les représentants du gouvernement. Dès les débuts, elles ont eu à souffrir des conflits de pouvoir entre les institutions politiques et religieuses. Ce phénomène montre assez le peu d'emprise des femmes sur leur milieu.

En Ontario, l'état de sujétion des cercles de fermières s'explique en partie par le fait que les femmes francophones appartiennent à un groupe minoritaire. L'épiscopat a réussi à soustraire les femmes rurales franco-ontariennes à l'influence du Women's Institute, créé pour les femmes rurales anglophones et protestantes et bénéficiant du soutien du ministère de l'Agriculture.

Contrairement à ce à quoi je m'attendais en faisant la genèse de l'UCFO, il est possible de montrer que l'organisation du mouvement des femmes rurales en Ontario a eu des répercussions sur celui qui existait au Québec. Le prétendu mouvement de libération de la tutelle de l'État que voulaient amorcer les évêques ainsi que les membres des cercles de fermières du Québec au cours des années quarante, a en fait débuté en Ontario en 1937. Ainsi, la présente étude ainsi que l'histoire des groupes de femmes de l'Ontario français permettront de déterminer qui ont été les véritables fondateurs de l'UCFO et de l'UCFQ.

MÉTHODOLOGIE

Notre recherche couvre la période de consolidation de l'UCFO, laquelle s'étend de 1929 à 1945, c'est-à-dire de l'année de fondation de l'Union des cultivateurs franco-ontariens (année où, pour la première fois, les femmes rurales franco-ontariennes se réunissent en congrès) à celle de la conversion des cercles d'arts ménagers en cercles de l'UCFO.

La recherche a été longue et ardue parce que les écrits concernant les débuts des cercles de fermières en Ontario sont peu abondants. Les procès-verbaux de l'UCFO, dans les fonds d'archives de l'Union culturelle des Franco-Ontariennes, déposés au Centre de recherche en civilisation canadienne-française (CRCCF) à l'Université d'Ottawa, partent de l'année 1940. Aucune mention n'est faite des démarches entourant la fondation des cercles en 1937. En somme, le bilan pour cette période est pauvre. On a l'impression que l'UCFO a été fondée en 1945.

À l'époque, la direction tenait deux ou trois réunions par année, et il est presque toujours question de règlements internes ou de comptes rendus de voyages ou de soirées récréatives réunissant des familles d'agriculteurs. Invariablement, tout le monde a bien mangé et s'est dit satisfait de la soirée.

Les comptes rendus des activités dans la page « La vie agricole » du *Droit*, ont été le point de départ de nos recherches des années 1929 à 1945. Nous avons parcouru les microfilms du *Droit* de cette période et nous avons trouvé de l'information sur la fondation des cercles de fermières du diocèse d'Ottawa, parties ontarienne et québécoise.

Nous avons aussi consulté les fonds d'archives des principales associations franco-ontariennes au CRCCF de l'Université d'Ottawa, en particulier ceux de l'Union culturelle des Franco-Ontariennes, de l'Union des cultivateurs franco-ontariens, de l'Association canadienne-française de l'Ontario, de J.-François Séguin, secrétaire-propagandiste de l'UCFO pendant plusieurs années. Nous avons aussi consulté les fonds d'archives des cercles de fermières du Québec et de l'UCCQ aux Archives du diocèse d'Ottawa.

La Feuille d'érable (microfilm et exemplaires reliés), un hebdomadaire de la région de Windsor déposé au CRCCF, avait aussi une page réservée aux activités agricoles de Kent et d'Essex. Au CRCCF de l'Université d'Ottawa, les fonds d'archives de Georges Michaud, agronome et fondateur de l'Union des familles rurales de Kent et Essex, ont aussi été consultés.

Les comptes rendus de congrès ou d'événements spéciaux étaient rédigés habituellement séance tenante et publiés peu de temps après. Nous croyons pouvoir au moins nous fier à l'exactitude des dates. Nous avons tenu compte d'une certaine marge d'erreur due au retard mis par les secrétaires des cercles à envoyer leurs communiqués.

À la recherche de documents, nous avons ajouté un certain nombre de rencontres avec des fermières de Wendover et de Clarence Creek qui faisaient partie de l'UCFO au moment de sa fondation en 1937.

Cet ouvrage comprend trois chapitres. Dans le premier, nous retracerons l'histoire du mouvement des femmes rurales. Dans le deuxième, nous situerons la formation des groupes de fermières francophones de l'Ontario dans le contexte du mouvement associatif rural franco-ontarien. Enfin, dans le troisième, nous reprendrons notre étude des origines des cercles de fermières en dégageant leurs raisons d'être.

Notes

1. *Le Droit*, 20 juin 1945, p. 11.
2. *La Feuille d'érable*, 6 février 1936.
3. *Le Droit*, 28 octobre 1937, p. 1 et 8.
4. Procès-verbal du Congrès provincial de l'UCFO, 20 et 21 septembre 1980, à Bourget. Thème du congrès : « Liberté et responsabilité ». Fonds d'archives UCFO, C67.3/12/2, CRCCF, Université d'Ottawa.
5. *Le Droit*, 16 septembre 1931, p. 8.
6. Fonds d'archives de l'Union des cultivateurs franco-ontariens (C39/30/4), CRCCF, Université d'Ottawa.
7. *Le Droit*, 21 février 1945, p. 12. La graphie des différents noms est conforme à celle qui apparaît dans les statuts et règlements et les documents officiels de l'association.
8. Firmin Létourneau, *Union catholique des cultivateurs*, Imprimerie populaire, Montréal, 1949, p. 227.
9. *Statuts généraux de l'Union catholique des fermières de la province d'Ontario*, 1937-1947, Secrétariat général, Ottawa.
10. Archives du diocèse d'Ottawa, Union catholique des cultivateurs de la province de Québec (L292.1/112), *Mémoire aux archevêques et évêques de la province civile de Québec concernant la création d'une association catholique de fermières*, 14 septembre 1944.

CHAPITRE PREMIER

Histoire du mouvement des femmes rurales

LES GROUPES DE FEMMES

Women's Institutes (WI)

Canada

Il faut retourner à la fondation des Women's Institutes en 1897 pour bien comprendre ce qui a amené la formation des cercles de fermières en Amérique et en Europe.

Au Canada, c'est à la province de l'Ontario que revient l'honneur d'avoir tenté, pour la première fois dans l'histoire, de regrouper les femmes rurales dans une association ayant pour but d'enseigner aux femmes et aux jeunes filles les arts ménagers et les spécialités de la petite industrie agricole : l'aviculture, l'apiculture et le jardinage. En 1997, le Women's Institute a célébré son centième anniversaire de fondation. Afin de souligner l'événement, la Fédération ontarienne du Women's Institute (WI) a confié à Linda Ambrose la tâche de retracer l'histoire et de décrire les réalisations des WI en Ontario. Dans le magnifique livre intitulé *For Home and Country: The Centennial History of the Women's Institutes in Ontario*, publié en 1996, le premier chapitre, « Organizing Women: The Early Founders to 1904 », a été notre principale source de renseignements sur l'émergence du mouvement des femmes rurales anglophones en Ontario.

Comme Ambrose le signale, la plupart des écrits sur l'histoire des Women's Institutes rapportent la dure épreuve qu'a subie, au mois d'août 1889, Adelaide Hoodless, celle que les membres considèrent comme la fondatrice des WI en Ontario. Elle perdit un enfant de quatorze mois, en pleine canicule, après lui avoir fait boire du lait cru. Très affligée par la mort de l'enfant due à son ignorance en matière d'hygiène alimentaire, elle se fit la réflexion qu'il devait y avoir des milliers de femmes qui, comme elle, ignoraient les règles de base d'une saine alimentation. Son épreuve fut à l'origine de sa croisade en faveur de l'enseignement des arts ménagers dans les écoles. Elle constatait que, depuis la mécanisation des fermes, la division sexuelle du travail avait relégué les femmes à la maison et qu'il était important de leur offrir la possibilité d'accroître leurs connaissances en sciences ménagères[1].

Adelaide Hoodless était membre de deux nouvelles associations : le National Council for Women et la Young Women Christian Association (YWCA). Alors qu'elle présidait la YWCA, elle fonda une école ménagère, mais, faute de fonds pour la faire fonctionner, elle dut renoncer à son projet.

Adelaide Hoodless faisait partie de la bourgeoisie de Hamilton et elle avait donc le temps de s'occuper de loisirs et de bénévolat. Elle prononçait des conférences dans cette région de l'Ontario, en vue d'amener les commissions scolaires à enseigner l'économie domestique dans les écoles. Ses conférences devaient répondre au désir croissant des femmes d'améliorer leurs connaissances dans ce domaine, car elle était invitée par des groupes à les entretenir sur la valeur nutritive des aliments et l'importance d'une bonne hygiène familiale.

C'est à l'occasion d'une de ces conférences, en 1896, que Erland Lee, qui assistait à une réunion de l'Agricultural and Experimental Union, au Ontario Agricultural College à Guelph, entendit Hoodless. Il crut qu'il serait avantageux que les femmes de son village l'entendent. Toutefois, les membres du Farmers' Institute de Stoney Creek dont il était le secrétaire n'étaient pas tous disposés à avoir une conférencière à leur réunion. Erland Lee insista et Adelaide Hoodless fut invitée.

L'année suivante, le 12 février 1897, à l'occasion du « Ladies Night » annuel, elle vint parler à un groupe de femmes de Stoney Creek qui accompagnaient leurs maris ou leurs pères, membres du Farmers' Institute. Elle fut précédée d'un conférencier qui vanta les mérites d'une bonne alimentation pour les veaux. Adelaide Hoodless traita de saine nutrition pour les familles rurales et de couture. Après sa conférence, avec la complicité de Erland Lee, elle proposa aux femmes d'établir une section d'économie domestique qui serait affiliée au Farmers' Institute de manière à faire reconnaître leur mouvement par le ministère de l'Agriculture de l'Ontario. *The Agriculture and Arts Act* de 1895, amendé en 1896, autorisait la création de nouveaux types d'organisations agricoles à la condition qu'elles s'emploient à améliorer l'éducation et la vie rurale[2].

L'amendement permettait à une nouvelle association de demander son affiliation à un groupe déjà agréé par le ministère de l'Agriculture et, ainsi, d'être reconnue officiellement par le gouvernement. La nouvelle organisation était alors admise à recevoir l'aide financière du gouvernement et à obtenir les services de conférencières.

Hoodless voulait créer en quelque sorte une section féminine des Farmers' Institutes, qui s'occuperait de l'organisation de la famille, tandis que la section masculine continuerait à s'occuper de culture et d'élevage. Trente-cinq femmes manifestèrent de l'intérêt pour son projet.

Le 18 février 1897, Adelaide Hoodless revint à Stoney Creek. Cette fois, une centaine de femmes prenaient part à ce qui allait être l'assemblée de fondation du Women's Department of the Farmers' Institute of South Wentworth. Christina Smith fut élue présidente.

À la réunion de la nouvelle association qui eut lieu la semaine d'après, les femmes adoptèrent des constitutions ainsi que le nom de Women's Institute of Saltfleet, qui sera changé plus tard en celui de Stoney Creek lorsque d'autres instituts seront fondés dans le canton de Saltfleet. Stoney Creek est situé à sept milles à l'ouest de Hamilton. Une section féminine des Farmers' Institutes était créée et allait servir de modèle pour les Women's Institutes ultérieurs.

Les buts du Women's Institute étaient d'accroître les connaissances des femmes en matière de sciences domestiques et de procurer une meilleure qualité de vie sur les fermes en rénovant l'architecture et en améliorant les conditions sanitaires des maisons de ferme, en connaissant mieux la valeur nutritive des aliments et les manières de conserver ces derniers, en fournissant des soins médicaux aux enfants. La devise était : *For Home and Country.*

Par la suite, lorsque des femmes désiraient créer un institut, elles devaient d'abord être parrainées par le Farmers' Institute et demander au ministère de l'Agriculture qu'une conférencière soit mandatée pour s'occuper de la mise sur pied du nouvel institut. Cependant, les premiers parrains soulevaient souvent des objections. Ils n'étaient pas tous heureux de voir qu'un Women's Institute tel que celui de Stoney Creek avait été fondé. En fait, Ambrose estime que l'attitude masculine à l'égard des organisations féminines a été un obstacle majeur au début de l'existence de l'organisme[3]. Les hommes faisaient des remarques telles que celles-ci : « Laissez-les essayer. Toutes les femmes se disputent et elles vont se disperser » ou : « Eh bien! laissez-les commencer, cela ne durera pas si un homme ne dirige pas le groupe[4] ».

De leur côté, les maris s'inquiétaient des frais qu'entraînerait la formation d'une association oeuvrant pour l'amélioration des conditions de vie sur la ferme. Janet Lee, qui dès les débuts avait travaillé avec son mari à l'établissement du Women's Institute, avait devancé les critiques et obtenu que les membres paient une cotisation de vingt-cinq cents par année pour subvenir aux besoins financiers de l'organisation.

Toutefois, selon Ambrose, il serait exagéré de dire que tous les hommes étaient opposés à l'établissement des Women's Institutes, puisque Erland Lee, dès la fondation, a été plus qu'un initiateur. Avec son épouse, il a incité les femmes à assister à la conférence de Adelaide Hoodless. Il a collaboré à la rédaction des premiers statuts et règlements. Il connaissait les règlements du ministère de l'Agriculture de l'Ontario relatifs à la reconnaissance des nouvelles organisations rurales, et il a fait les premières démarches en vue d'une affiliation du Women's Institute au Farmers' Institute.

De même, Christina Smith, la première présidente des Women's Institutes a reçu le soutien de son mari E. D. Smith, producteur de fruits et propriétaire d'une conserverie encore prospère de nos jours. Ce dernier a été membre du Parlement fédéral, puis sénateur. Le Women's Institute avait un bon ambassadeur auprès des politiciens.

Le Farmers' Institute était dirigé par le haut fonctionnaire F. W. Hodson du ministère de l'Agriculture de l'Ontario. En s'affiliant au Farmers' Institute, le Women's Institute avait à sa tête cet homme dévoué à la cause des femmes. Pendant les dix premières années des Farmers' Institutes, de 1884 à 1894, les conférenciers invités avaient toujours été des hommes, des membres des professions libérales ou des cultivateurs prospères. Au cours de son mandat comme président des Farmers' Institutes, entre 1894 et 1899, Hodson s'est attaché à intégrer les femmes dans l'organisation des cultivateurs. Une fois devenu haut fonctionnaire au ministère de l'Agriculture, il a introduit la coutume d'inviter des conférencières aux réunions des cultivateurs. Toutefois, il a toujours insisté pour que les femmes ne débattent pas des questions controversées telles que celle du suffrage universel.

Son successeur, G. C. Creelman, était également favorable à la cause des femmes. Il a encouragé la formation de nouveaux instituts et a fait appel à des conférencières compétentes. Durant son mandat comme surintendant, l'organisation des Women's Institutes a connu des transformations majeures. Au début de son mandat (1899-1904), il n'existait que trois instituts. Le rapport annuel des Farmers' Institutes publié en 1900 indique quels sont ces instituts : Kemble (Grey Nord), Whitby (Ontario sud), Stoney Creek (Wentworth). Un an plus tard, 31 nouveaux instituts avaient été formés à la suite d'une lettre que Creelman avait diffusée en vue d'aider à la formation de nouveaux instituts[5]. En 1902, grâce à l'aide de Alice Hollingworth, conférencière itinérante, Creelman pouvait mettre à son crédit la fondation de 44 Women's Institutes.

Alice Hollingworth avait, elle aussi, à faire face aux critiques et aux réactions de colère des hommes lorsqu'elle allait d'une région à l'autre de la province en vue de fonder des instituts. À une réunion, un cultivateur lui avait dit : « Ne fondez pas un WI ici, nous ne serons plus capables de trouver une femme pour traire les vaches » (1996 : 32). Un institut a quand même été fondé et la femme du cultivateur en est devenue membre.

C'est sous la présidence de Creelman que l'*Agriculture and Arts Amendment Act* (1902), qui donnait à la Women's Institute un statut légal, fut adopté. Obligé dans le passé de s'affilier au Farmers' Institute pour être reconnu, le Women's Institute acquérait son autonomie en vertu de cette loi. Celle-ci précisait :

> *The formation of Women's Institutes for the purpose of improving rural home life, and imparting information in regard to women's work upon the farm, shall be permitted under this Act*[6].

Quand un groupe de femmes (constitué d'au moins cinq personnes, selon les directives de Creelman) voulait fonder un institut, il n'était plus obligé de se mettre sous la bannière d'un groupe masculin. Avec ou sans l'autorisation du Farmers' Institute, les femmes pouvaient créer un institut en s'autorisant de la loi.

Selon Ambrose, les historiens attribuent le succès des WI à trois facteurs. Ils soulignent les objectifs de Adelaide Hoodless, la fondatrice officielle, et sa ténacité à vouloir répandre l'enseignement des sciences domestiques. D'autres mettent les succès des WI sur le compte des Farmers' Institutes qui ont servi de modèle pour l'organisation de la section féminine. Le parrainage et l'aide financière du ministère de l'Agriculture par l'entremise des hauts fonctionnaires ont aussi grandement contribué à l'essor des WI.

Toutefois, au terme de ses recherches, en particulier dans la correspondance des instituts locaux, Ambrose a donné une autre explication du succès des WI auprès des femmes. Selon elle, les WI de l'Ontario ont prospéré parce qu'ils permettaient aux femmes rurales d'échapper à l'isolement, d'obtenir une formation et d'avoir un lieu bien à elles où elles pouvaient socialiser[7].

Ambrose termine le premier chapitre de son livre en soulignant que la fondation des Women's Institutes s'explique par bien autre chose que par l'histoire d'une mère affligée de la mort de son enfant. D'ailleurs, après avoir lancé l'idée de fonder une association féminine, Adelaide Hoodless n'est revenue à Stoney Creek qu'à de rares occasions. Ses autres projets, en particulier celui d'instituer des écoles ménagères pour les jeunes filles et de créer le Macdonald Institute à Guelph (Ontario), lui laissaient peu de temps afin de mettre sur pied une nouvelle association pour les femmes rurales[8].

Donc, il y a eu Erland Lee et sa femme Janet, des femmes comme Christina Smith, qui, malgré leurs nombreuses occupations familiales, ont décidé d'aller de l'avant en faisant fi des moqueries des hommes. À cela s'ajoute le travail sur le terrain des conférencières Laura Rose et Alice Hollingworth. Surtout, il y a eu des milliers de femmes rurales qui ont cru dans le Women's Institute et se sont dévouées pour son développement.

Il faut aussi mentionner le nouveau surintendant au ministère de l'Agriculture, F. W. Hodson, qui, persuadé de la nécessité de créer une association féminine, s'est employé à trouver des conférencières pour les réunions de cultivateurs. Son successeur, George Creelman, président des Farmers' Institutes, puis responsable des Farmers' Institutes au ministère de l'Agriculture, a donné au Women's Institute la structure administrative et le statut légal nécessaires pour assurer sa stabilité.

Sous la direction de G. C. Creelman, le Women's Institute avait reçu son coup d'envoi. Les femmes rurales pouvaient exprimer leurs aspirations et elles cessaient d'être complètement sous la coupe du mari. Toutefois, il a fallu attendre jusqu'en 1934 pour qu'une femme, Bessie Cameron McDermand, occupe le poste de directrice des Women's Institutes[9].

Ambrose termine en disant que tout cela n'était qu'un commencement, car, sous la direction de George Putnam, qui avait succédé à G. C. Creelman et dont le mandat dura trente ans (1904-1934), non seulement le Women's Institute avait survécu malgré les prédictions des prophètes de malheur, mais en outre d'autres organismes apparentés virent le jour dans tout le Canada et en Europe.

Europe

Pour être en mesure de suivre l'expansion des Women's Institutes en Europe, nous avons recueilli un certain nombre de faits dans *The Story of the Women's Institute Movement in England and Wales and Scotland* (1925) de Robertson Scott. Cet ouvrage d'histoire nous permet de connaître comment le mouvement des Women's Institutes, fondé en Ontario en 1897, a fait son chemin jusqu'en Europe pour enfin arriver au Québec.

Selon Robertson Scott, les Women's Institutes déjà établis dans les autres provinces du Canada se sont regroupés, en 1919, en fédérations provinciales pour former ensuite la Confédération canadienne des Women's Institutes. Un rapport du ministre canadien de l'Agriculture de l'époque mentionne les noms des Women's Institutes de toutes les provinces : les Women's Institutes de l'Ontario, les Home Maker's Clubs de la Saskatchewan, les Home Economics Societies du Manitoba, les Women's Institutes de Nouvelle-Écosse, du Nouveau-Brunswick, de l'Alberta, de la Colombie-Britannique, de l'Ile-du-Prince-Édouard, et les Home Maker's Clubs et les Cercles de fermières du Québec. En 1923, le ministre estimait le nombre de membres en règle à environ 100 000[10].

Un an après la fondation du premier Women's Institute à Stoney Creek, en 1898, la House-Mother's Association vit le jour en Norvège. Les Norvégiens prétendaient ignorer que ce genre d'association avait été créé au Canada. Le mouvement s'est répandu en Suède, au Danemark et en Finlande. Scott estime à 70 000 le nombre de membres dans les pays scandinaves.

En 1910, Sir Horace Plunkett, qui, selon Scott, était très au fait de ce qui se passait au Canada, fonda les United Irishwomen en Irlande. Pendant la Première Guerre, des instituts sont mis sur pied en Angleterre, au pays de Galles et en Écosse. Mme Alfred Watt et Emily Guest, qui avaient vécu en Ontario, introduisirent les WI en Angleterre. En 1918, 1 200 instituts étaient actifs en Angleterre.

En Pologne, Mavis D. Day dénombre 900 cercles de fermières « Country-women's Circles » en activité à la même époque que le Women's Institute de Stoney Creek. La Hollande, l'Autriche, l'Allemagne et la Russie ont aussi, plus ou moins en même temps, créé des regroupements de femmes rurales. Selon Scott, on trouvait des cercles de fermières partout en Europe au début du XXe siècle. Robert Migner, dans *Quand gronde la révolte verte* (1980), estime qu'aux États-Unis, au lendemain de la Grande Guerre, plus de 800 cercles de fermières recevaient des subventions du gouvernement fédéral[11].

Cercles de fermières

Belgique

Selon Robertson Scott, c'est en 1906, en Belgique, que les premiers cercles de fermières ont été fondés. Le gouvernement de la Belgique avait entendu parler des activités des Women's Institutes du Canada. En 1904, il avait chargé Paul De Vuyst d'aller étudier en Ontario le fonctionnement des Women's Institutes.

Nous insistons sur l'histoire de l'organisation des cercles de fermières de Belgique parce que le Canada francophone, plus précisément le gouvernement du Québec, s'est inspiré, quelques années plus tard, de l'expérience belge au moment de la mise sur pied des cercles de fermières.

Paul De Vuyst était fonctionnaire au ministère de l'Agriculture de Belgique depuis 1888. Il était soucieux de procurer une bonne éducation aux femmes et jeunes filles des communes de son pays. De nombreux rapports sur l'enseignement ménager présentés à l'occasion de congrès et des articles publiés dans des revues agricoles montrent que De Vuyst s'occupait aussi d'organiser des écoles d'enseignement agricole pour jeunes filles de la campagne.

Son ouvrage intitulé *Le Rôle social de la fermière* obtint en 1907 le prix Adelson-Gastiau de l'Académie Royale de Belgique, qui récompensait ses efforts en vue d'améliorer la condition morale, intellectuelle et physique des petites gens.

Cette reconnaissance du jury, au dire de De Vuyst dans la préface de la deuxième édition de son livre en 1911, témoignait que la création de cercles de fermières en Belgique était un des moyens d'améliorer le sort des cultivateurs.

De Vuyst avait été témoin des importants et rapides progrès matériels des cultivateurs accomplis grâce à l'existence de l'association. Il mentionne qu'en 1881 un agronome français avait dit :

> On veut des cultivateurs qui pensent et qui résonnent : on ne sait pas leur former des compagnes dignes d'eux et capables de les seconder. Voilà la grosse plaie de l'époque[12].

En 1889, De Bruyn, ministre de l'Agriculture de Belgique, décida deux jeunes filles à aller suivre les cours de l'école de laiterie de Coëtlogon, en France, en sorte qu'elles puissent, à leur retour, enseigner la laiterie aux fermières de Belgique.

En 1911, 20 écoles permanentes et 11 écoles ambulantes offraient l'enseignement ménager agricole aux jeunes filles des campagnes. Dans les écoles permanentes, dès l'école primaire, des notions générales d'horticulture et d'économie domestique étaient enseignées dans les zones rurales de manière à montrer l'intérêt et l'utilité de la profession de fermière.

Un enseignement de degré intermédiaire était donné dans les écoles ménagères agricoles. Des cours de niveau supérieur étaient offerts à celles qui se destinaient à l'enseignement ou à l'exploitation de grandes fermes. Les écoles ambulantes, fondées pour améliorer l'industrie laitière dans les campagnes, enseignaient la fabrication des produits laitiers, en particulier celle du beurre.

De Vuyst concluait que, dans le domaine de l'enseignement agricole et horticole aux jeunes filles, le pays possédait une bonne organisation (1911 : 70). De 1903 à 1905, les écoles permanentes avaient accueilli environ 250 jeunes filles par an. Les écoles ambulantes en recevaient 280 par an.

Les écoles ménagères s'efforçaient de préparer le mieux possible les futures fermières, mais néanmoins De Vuyst déplorait que, malgré les efforts consentis par le gouvernement en vue de procurer une formation professionnelle aux jeunes filles et femmes rurales par les écoles et les conférences, le « relèvement social agricole » était lent à se faire sentir. Les cours d'art ménager agricole, horticole et laitier s'adressaient aux jeunes filles, et ce ne serait qu'à long terme que la classe agricole en tirerait profit. Mais, pour arriver à des résultats immédiats, il convenait, selon lui, d'instruire aussi les fermières (1911 : 77).

Il y avait à l'époque 514 914 agricultrices en Belgique. Elles étaient plus nombreuses que les femmes travaillant dans le commerce (385 236) et dans l'industrie (322 725). De Vuyst juge qu'en raison de leur importance numérique les fermières ont droit au même traitement que les cultivateurs et, à l'instar des travailleuses du commerce et de l'industrie, à une association professionnelle. Tous les « agronomes et économistes éclairés » s'accordent pour voir dans la fermière à la fois une mère, une ménagère et une collaboratrice du mari. Mais, à propos du rôle de la fermière dans les associations, De Vuyst précise :

> Il est vraiment singulier qu'on ait tardé si longtemps à comprendre aussi la nécessité de préparer efficacement la future fermière à le remplir[13].

De plus, les fermières, selon lui, ont droit à toute l'attention des gouvernants tant au point de vue de l'instruction qu'au point de vue social. En 1891, il présenta à Borsbeke-lez-Alost le premier cours conçu pour les fermières. L'initiative fut couronnée de succès.

En 1902, le ministère de l'Agriculture reconnaît l'utilité d'un enseignement populaire pour les fermières et organise des cours spéciaux à leur intention. La moyenne des présences aux cours a été de 55 personnes en 1903-1904 et de 61 en 1905. Une quarantaine de communes ont profité de ces cours constitués de cinq leçons. L'économie domestique semble avoir été le cours le plus suivi. Les sujets traités étaient l'alimentation, l'hygiène, les soins à fournir à la basse-cour, le jardinage et le budget du ménage.

Les premiers cercles de fermières en Belgique

Au début du XXe siècle, les ligues de femmes qui s'occupent d'œuvres sociales se multiplient en Belgique. De Vuyst estime qu'il y avait environ 300 mutualités pour les femmes au moment de la publication de son livre (1907). Les femmes dans l'industrie (tailleuses, tricoteuses, etc.) ont leurs unions professionnelles. « Puisque ces unions se développent et prospèrent parmi les ouvrières », De Vuyst pose la question suivante : « Pourquoi les fermières aussi ne veilleraient-elles pas de la même façon à leurs intérêts professionnels et sociaux ? » (1911 : 94).

Les premières tentatives isolées de regroupement ont été encourageantes. La comtesse de Villermont fonda en 1903 à Couvin l'Union professionnelle de fermières pour l'aviculture. M. Pien mit sur pied en 1906, à Wesembeek, une union professionnelle ayant pour but d'augmenter la productivité de la basse-cour.

C'est au congrès des fermières organisé par le chanoine Moulart à l'école d'agriculture de Leuze, au mois de septembre 1906, que le rôle social de la fermière a été clairement défini et que le point de départ des cercles de fermières de Belgique a été marqué.

La présidente, Mme Rotsart de Hertaing et Mme Halet traitèrent des devoirs domestiques et sociaux de la fermière. L'abbé Berger parla du confort de la ferme, M. Marchandise de l'ornementation florale de la maison de ferme, Mme Haentjens-Deleu des avantages de la profession de fermière et Mlle Bouillot du rôle des écoles ménagères.

Les congressistes voulaient voir les fermières accroître leurs connaissances de manière qu'elles puissent remplir leur rôle social. À la fin du congrès, un cercle de fermières était en principe créé à Leuze.

À Alveringhem, considéré comme le berceau des cercles de fermières en Belgique, Mlles D'Hondt et Van Haverbeke ont fondé, en décembre 1906, avec l'aide de l'administration communale, un cercle de fermières. Dès la première réunion, 58 femmes sont devenues membres et les statuts et règlements ont été adoptés. Le but du cercle de fermières était de tenir ses membres au courant de tout ce qui se rapportait à la maison de la fermière.

Pour atteindre leur objectif, les directrices du cercle comptaient sur une réunion générale annuelle et sur la tenue de conférences sur l'économie domestique, l'éducation des enfants, la laiterie, l'aviculture et le jardinage. Les membres payaient une cotisation annuelle de 50 centimes. Le cercle était dirigé par une présidente, deux vice-présidentes, trois membres qui exploitaient une ferme couvrant entre 8 et 60 hectares et une secrétaire-trésorière.

De Vuyst constate que ce sont les fermières les plus âgées qui manifestent le plus d'enthousiasme pour ces réunions : elles veulent connaître aussi ce que leurs filles apprennent dans les écoles ménagères agricoles. L'élan était donné. D'autres cercles en plus de celui de Alveringhem et de celui de Leuze, lequel se constitua en mai 1907, ont été créés par la suite. En 1910, il y avait, en Belgique, 74 cercles de fermières comptant en tout 6 929 membres.

Pour assurer l'unité des cercles de fermières et favoriser leur extension, un comité national des cercles de fermières fut formé en 1910 avec comme présidente, Mme Rotsart de Hertaing, et comme présidentes d'honneur, la comtesse de Villermont, Mme Helleputte et la baronne van der Bruggen.

Le Comité national comprenait deux sections : une section française présidée par Mme Goffinet (Brugelette) et une section flamande présidée par Mme Ronse (Ghistelles).

La réunion au cours de laquelle allait être institué le Comité eut lieu le 21 juillet 1910 au Pavillon de la fermière de l'Exposition universelle. Le siège social était établi à Bruxelles. De nouveaux cercles pouvaient désormais être admis, moyennant le consentement unanime des membres du Comité national.

Par la suite, les cercles de fermières se sont affiliés aux cercles d'études du personnel enseignant des écoles ménagères. Selon De Vuyst, les cercles d'études ont joué un rôle de premier plan « parce que leur action a été féconde à l'amélioration sociale de l'agriculture par l'intermédiaire de la fermière » (1911 : 85). Les cercles d'études ont accordé une place dans leur bulletin aux problèmes des fermières en donnant des comptes rendus sur les cours d'agriculture aux fermières, sur l'alimentation et l'utilisation du lait, etc. Dans le bulletin, on encourageait aussi l'établissement d'autres cercles de fermières. Les rapports annuels sur les activités des cercles y étaient insérés.

Les activités organisées par le personnel enseignant des écoles ménagères et les cercles de fermières au Pavillon de la fermière à l'Exposition de Bruxelles en 1910 ont été couronnées de succès. En 1911, les cercles de fermières et les cercles d'études ont mis en route des cours de perfectionnement pour les conférencières des cercles de fermières.

De Vuyst conclut que les cours d'arts ménagers et d'agriculture ont été profitables aux femmes rurales. Ils leur ont permis de rafraîchir les connaissances acquises dans les écoles ménagères et de se tenir au courant des nouvelles applications de la science.

De Vuyst ajoute : « C'est dans ce but que l'on a institué des cours publics aux fermières [...]. De plus, l'association est une grande école d'émulation et d'enseignement mutuel[14]. »

Il est également d'avis que l'établissement de liens permanents entre les anciennes élèves des écoles ménagères et les fermières serait aussi grandement utile.

De Vuyst ne s'attribue pas le mérite d'avoir fondé les premiers cercles de fermières en Europe, comme le souligne Robertson Scott dans *The Story of the Women's Institute Movement in England and Wales and Scotland*, mais sa grande connaissance des associations féminines tant en Europe qu'en Amérique montre à l'évidence qu'il a joué un rôle de premier plan dans la formation des cercles de fermières en Belgique. Les conseils qu'il adresse à ceux et celles qui veulent fonder un cercle témoignent de son expérience dans le domaine. Selon lui, ils auront à lutter contre l'indifférence et contre les préjugés voulant que les femmes sont incapables de s'associer pour perfectionner leurs connaissances et aider au « relèvement social » de la classe agricole. Il faut aussi tenir compte de ceux qui estiment que les cercles de fermières occasionneront de « nouvelles dépenses » au cultivateur en amenant la femme à changer l'ameublement du foyer. À cet égard, De Vuyst suggère que les membres fournissent une cotisation minime pour éviter que le développement des cercles soit entravé.

Les objections soulevées en Belgique rappellent celles qui ont été formulées à l'occasion de la fondation des Women's Institutes en Ontario. Toutefois, De Vuyst ne précise pas qui avait exprimé ces objections. Il nous est permis de supposer qu'elles venaient des maris, surtout celles concernant les « nouvelles dépenses », car ce sont eux qui tenaient les cordons de la bourse. Paul De Vuyst répond à ces opposants : « l'expérience faite aux États-Unis et au Canada a été concluante, partout où ces cercles ont été institués, ils ont admirablement prospéré[15]. »

Québec

Selon Alphonse Désilets, chef du Service de l'économie domestique du Québec pendant la guerre de 14, la province de Québec vivait une période de prospérité relative mais, comme en Belgique, il fallait déplorer l'exode des jeunes vers la ville. L'exode rural avait des conséquences désastreuses pour l'économie de la province. La Belgique avait fondé des cercles de fermières afin d'enrayer ce mal et les autorités gouvernementales au Québec estimaient qu'ils devaient aussi avoir recours aux bons offices des fermières. Dans le *Manuel-guide des cercles de fermières* (1928), Alphonse Désilets rapporte les propos formulés par De Vuyst dans la préface du *Rôle social de la fermière* :

> La fermière a admis qu'il lui appartenait de contribuer efficacement au relèvement de la condition sociale de l'homme des champs en veillant à la bonne éducation de ses enfants, en améliorant l'alimentation, en rendant plus hygiénique l'habitation et en s'employant à faire apprécier davantage la vie à la campagne.

En 1904, le ministre de l'Agriculture du Québec avait approuvé la fondation du Homemaker's Club, une association anglophone de femmes rurales qui était le pendant du Women's Institute. Selon Simone Monet-Chartrand, le Homemaker's Club est en quelque sorte l'ancêtre des cercles de fermières au Québec[16].

À la suite d'un voyage en Belgique d'un fonctionnaire du gouvernement du Québec, le ministre de l'Agriculture, J.-Éd. Caron, apprit l'existence de cercles francophones de fermières. L'idée lui plut, il nomma l'agronome Alphonse Désilets à la direction du Service de l'économie domestique et le chargea de créer des cercles de fermières au Québec.

En février 1915, Désilets réunit à Chicoutimi un groupe de femmes, pour la plupart des anciennes élèves de l'École ménagère de Roberval, et créa le premier cercle de fermières sur le modèle de ceux qui existaient déjà en Belgique[17]. Au cours des années 1915-1916, Désilets, avec le concours de fonctionnaires du ministère de l'Agriculture, de Georges Bouchard, de Raoul Duhaime et de Cyrille Vaillancourt, mit sur pied des cercles à Roberval, à Champlain, à Saint-Agapit, à Plessisville et à Beauceville. À leur premier congrès en 1919, les cercles de fermières étaient au nombre de 34 et comptaient au total 2 400 membres. En 1938, lors de la parution d'un nouveau *Manuel-guide des cercles de fermières*, on dénombrait 433 cercles et 17 000 membres. L'Outaouais québécois a été lent à organiser des cercles de fermières. Le cercle de Montebello a été le premier à être mis sur pied en 1921; il comptait 67 membres. Sainte-Cécile-de-Masham suivit en 1927, Fassett en 1931, Saint-André-Avellin et Saint-Paul-d'Aylmer en 1937, Chenéville et

Val-des-Bois en 1938, Notre-Dame-de-la-Salette, Sainte-Rose-de-Lima et Perkins en 1939[18].

La devise des cercles est : *Pour la terre et le foyer*, ce qui rend compte de son programme d'action sociale. Les cercles ont un double but : d'abord attacher la femme à son foyer « en lui rendant plus agréable l'accomplissement de ses devoirs d'épouse, d'éducatrice et de ménagère[19] », ensuite rendre les travaux de la ferme plus attrayants et plus rémunérateurs, de façon que les garçons et les filles apprécient davantage la vie rurale et perdent l'envie d'aller s'établir à la ville.

Afin d'atteindre ces buts, les cercles s'emploient à rétablir certaines industries artisanales abandonnées dans les temps de prospérité, car elles procurent du travail aux jeunes filles et les retiennent au foyer. Ils favorisent ainsi le retour à une vie plus simple.

Le cercle est administré par un bureau de direction composé d'une présidente, d'une vice-présidente, d'une secrétaire-trésorière, de trois conseillères et d'une bibliothécaire (en tout, sept personnes élues par les membres du cercle). Le cercle peut s'adjoindre un aumônier, désigné par l'évêque ou le curé de la paroisse. Une fermière exerçant la fonction de conseillère a la charge de représenter le cercle au Conseil provincial des cercles de fermières. La direction du Conseil provincial est formée du ministre de l'Agriculture, du sous-ministre, du directeur du Service de l'économie domestique, d'une présidente élue, de deux vice-présidentes élues, d'une secrétaire générale et de l'administrateur de la revue *La Bonne Fermière*.

Dans son rôle de directeur des cercles, Alphonse Désilets refusait de reconnaître les cercles qui n'avaient pas reçu l'approbation de l'agronome local et du curé de la paroisse. Ainsi, *Le Manuel-guide des cercles de fermières* (1928 : 6) précise :

> Sont reconnus officiellement par le ministre de l'Agriculture de la province de Québec, et aidés par lui, les groupements ruraux féminins qui, avec l'assentiment du ministre de l'Agriculture se forment sous le nom de Cercles de Fermières.

Le ministère de l'Agriculture accorde aux cercles reconnus par lui une subvention de 0,50 $ par membre jusqu'à concurrence de 35 $ par cercle. La cotisation annuelle de chaque membre est fixée à un dollar. Le cercle doit compter au moins vingt membres et la moitié de ceux-ci doivent provenir de familles de cultivateurs.

Deux ruches sont confiées à des nouveaux membres qui n'ont pas d'abeilles. Des graines de semences potagères et floricoles sont données aux fermières désireuses de faire de l'horticulture modèle. À celles qui s'intéressent à l'aviculture, le ministre de l'Agriculture fournit des œufs d'incubation.

Le directeur officiel des cercles veille à ce que les programmes, les statuts et règlements établis par lui soient suivis. Il est aidé par des assistants et assistantes et par les agronomes de districts. Il s'assure aussi que les subventions accordées par le ministère sont utilisées à bon escient et les secrétaires doivent rendre compte de leur utilisation. Le ministère de l'Agriculture trace aux cercles une ligne de conduite en matière d'action sociale au moyen du *Manuel-guide*, de la correspondance avec les secrétaires et surtout de la revue trimestrielle *La Bonne Fermière*. Il rejoint aussi les fermières des cercles par le truchement des visiteuses officielles et des spécialistes du Service d'économie domestique chargées de donner des cours d'arts domestiques. La direction officielle des cercles de fermières relève du Service de l'économie domestique du ministère de l'Agriculture[20].

Le gouvernement du Québec encadrait l'organisation et l'activité des cercles de fermières de la même manière qu'en Ontario, où le ministère de l'Agriculture supervisait les WI en désignant lui-même les conférencières et les spécialistes. De même que George Putnam, responsable des WI au ministère de l'Agriculture, insiste toujours pour que les femmes ne débattent pas des questions politiques délicates, telle celle du suffrage universel[21], au Québec, de même, ainsi que le rapporte *Le Devoir* du 25 octobre, Désilets sert la mise en garde suivante aux déléguées présentes au congrès de 1919 : « Moi j'aime mieux voir la femme au cercle de fermières qu'au poll de votation! On vous a donné des cercles, sachez en profiter[22]. »

Toutefois, certains journalistes, tel Henri Lessard, estiment que les cercles ont été trop longtemps dans la dépendance des hommes politiques. Dans son article « À propos de l'U.C.F. » publié dans *Le Droit* du 17 septembre 1945, il cite les observations formulées par Mgr Alexandre Vachon, archevêque d'Ottawa, dans une lettre circulaire adressée au clergé du diocèse en juillet 1945 :

> Il est vrai que les fermières du Québec ont depuis plusieurs années des cercles particuliers tout comme les cultivateurs ont les leurs. Mais il s'agit là d'organismes gouvernementaux patronnés et sustentés par le ministère provincial de l'Agriculture. Ces cercles ne sont donc pas libres et autonomes et il est de souveraine importance que les cultivateurs et les fermières soient organisés, s'organisent eux-mêmes dans la liberté et l'autonomie la plus complète.

Contrairement à ceux de Belgique, où les membres devaient exploiter une ferme, les cercles de fermières du Québec ont, dès les débuts en 1915, admis des femmes du milieu rural dont les maris n'étaient pas cultivateurs. Les femmes qui vivaient dans les villages occupaient souvent des postes de direction.

Ainsi, Robert Migner, dans *Quand gronde la révolte verte*, met en doute le caractère démocratique des cercles, arguant que ce sont les femmes de la petite-bourgeoisie villageoise qui remplissent la plupart des postes de direction :

> À l'instar des sociétés d'agriculture et des cercles agricoles, les cercles de fermières sont principalement composés de bourgeoises campagnardes, de villageoises cossues, d'épouses de gros cultivateurs, bref de rurales qui ont le privilège d'avoir des loisirs, ce qui n'est pas l'apanage de la femme de l'habitant ou de l'ouvrier agricole, qui doit travailler aussi fort que son homme pour que la famille mange. De 1915-1925 la plupart des cercles sont fondés par des dames ayant eu accès à l'éducation des religieuses des couvents, privilège, encore une fois, des nanties de la campagne québécoise[23].

Il y a en outre lieu de signaler que ce sont des hommes qui sont reconnus comme les promoteurs ou les fondateurs des WI en Ontario et des cercles de fermières au Québec. Cela démontre que le mouvement des femmes rurales a été, dès l'origine, pensé et organisé par la gent masculine, conçu selon leurs intérêts, modelé à leur image.

En Ontario, Erland Lee a été le premier à reconnaître la nécessité d'une association de femmes rurales lorsqu'il a encouragé Adelaide Hoodless à mettre sur pied le Women's Institute. De même, c'est à Paul De Vuyst que revient le mérite d'avoir fondé, en 1906, le premier cercle de fermières francophones à Alveringen en Belgique. Au Québec, l'agronome Alphonse Désilets, aidé de ses collègues du ministère de l'Agriculture, fonda en 1915 les cercles de fermières au Québec.

Les statuts et règlements des cercles de fermières reflètent la perception que les fondateurs avaient du rôle de la femme. Du fait de son rôle de mère et d'épouse, il revient à la femme de garder les jeunes gens à la ferme. Mais, la femme doit aussi devenir une fermière professionnelle gérant une entreprise moderne et prospère. Les cercles de fermières, qui avaient eu d'abord pour but d'arrêter l'exode rural dans une période de croissance économique, se mettent, avec la crise de l'entre-deux-guerres, à prôner l'épargne et la frugalité. Désilets approuve leur ligne de conduite :

> Nos fermières ont vite reconnu la nécessité de réduire la cherté de la vie par l'usage de vêtements tissés et confectionnés à la maison. Nous souhaitons que ce mouvement continue pour le plus grand bien économique de notre province[24].

Toutefois, des contradictions se font jour. Au Québec, les cultivateurs, à prix fort, mécanisent les fermes afin de produire davantage, mais, en même temps, ils demandent à leurs femmes de se remettre au métier à tisser et au rouet, et de revenir à la petite industrie familiale en vue de permettre à la ferme de se redresser. Les campagnards confinent de nouveau les femmes au foyer. Désilets note dans le *Manuel-guide des cercles de fermières* de 1928 :

> Déjà l'œuvre donne droit aux plus belles espérances si l'on songe qu'il y a eu progrès général dans la pratique modèle du jardinage, de l'aviculture, de l'apiculture [...] et qu'elle est en train d'améliorer bien des situations financières de familles par une campagne de rééducation et d'instruction sur les avantages et les moyens de travailler la laine et le lin à la maison, pour son usage personnel et pour le commerce[25].

Les cercles de fermières ont été fondés au Québec au début du XXe siècle. En 1937, nous verrons la résurgence de ce mouvement d'encadrement des femmes rurales par la gent masculine lorsqu'il s'est agi de fonder des cercles de fermières dans l'Ontario français. En Ontario comme au Québec, ce sont des hommes, secondés par les autorités ecclésiastiques, qui auront l'initiative de regrouper les fermières, car l'organisation des cercles, prise en main par le pouvoir politique, échappe à l'autorité de l'Église, qui tente par ailleurs d'asseoir son autorité dans les mouvements d'action catholique conçus pour les jeunes gens : Jeunesse étudiante catholique, Jeunesse agricole catholique et Jeunesse ouvrière catholique. Les cultivateurs font partie de l'Union des cultivateurs franco-ontariens, et les femmes sont donc les seules à n'être pas sous la coupe de l'Église. Inquiète de voir les femmes qui devenaient membres des WI subir l'emprise des gouvernements, l'Église s'est employée à affaiblir celles-ci.

Notes

1. Linda Ambrose, *For Home and Country*, Erin (Ontario), 1996, p. 17 :

   When John Harold Hoodless died in August 1889, at the age of fourteen months, his mother was heartbroken. Doctors in Hamilton, Ontario, concluded that the child had died from « summer complaint », an intestinal ailment that was common among young children at that time, caused by drinking impure milk. Shocked at her loss, and even more at her ignorance of domestic hygiene, this woman took her family tragedy beyond the point of personal grief. She realized that if she, as a careful parent and an educated person, was ignorant of basic domestic science knowledge, then there must be thousands more women like her. Adelaide Hoodless, the bereaved mother, turned personal tragedy into a public movement. Most accounts of the history of Women's Institutes (WI) of Ontario begin with the experience of this grieving woman.

2. « *For the purpose of education and improvement of rural life* » (*idem*, p. 28).

3. « *In fact, male attitudes to women's organizations were among the biggest obstacles facing the young movement* » (*idem*, p. 26).

4. « *Another sneer was "Let them try it — all women fight and it will break"* » (*idem*, p. 26). « *Oh, well, let them start, it won't last long without a man to run it* » (*idem*, p. 28).

5. Voir Annexe 1 : texte de la lettre de G. C. Creelman, superviseur des Farmer's Institutes et des Women's Institutes au ministère de l'Agriculture.

6. *The Agriculture and Arts Amendment Acts*, 1902, Statutes of the Province of Ontario.

7. Linda Ambrose, « What Are the Good of These Meetings Anyway ? », dans *Ontario History*, Vol. LXXXVII, No. 1, printemps 1995, p. 2.

8. Terry Crowley, « The Origins of Continuing Education for Women: The Ontario Women's Institutes », *Les Cahiers de la femme*, 1986, 7-3, p. 79.

9. Linda Ambrose, « The Women's Institutes in Northern Ontario 1905-1930: Imitators or Innovators », dans *Changing Lives: Women and the Northern Ontario Experience*, Toronto, 1996, p. 273.

   > *Ontario women were soon to enjoy the same rights as their western sisters when they achieved the vote federally and provincially in 1918. Yet in Institute work, Ontario was the only province that continued to be dominated by male leadership. George Putnam served as superintendent of the Ontario Women's Institutes from 1904 to 1934. Dr. C. C. James, Dominion Commissioner of Agriculture, pointed out this anomaly in 1915 when he remarked : « I mentioned the Women's Institutes of the other Provinces. Go to Quebec, and work is carried out by a lady on the staff of Macdonald College. Go to Fredericton, and you meet the lady superintendent; go to Prince Edward Island and you meet the lady superintendent; go to Nova Scotia and you meet the lady superintendent; go to Manitoba, Alberta or Saskatchewan or British Columbia and it is the same thing. You ask, where is the man ? You have to come back to Ontario to find the man. This is the only Province where the Women's Institute work is wholly directed by a man. But Mr. Putnam has called to his help and assistance and direction you women, and he was wise enough to know he could not do it of his own accord. »*

10. J. W. Robertson Scott, *The Story of the Women's Institute Movement in England and Wales and Scotland*, Idbury, Kingham, Oxon, 1925, p. 243.

11. Robert Migner, *Quand gronde la révolte verte*, Montréal, La Presse, 1980, p. 96.

12. Paul De Vuyst, *Le Rôle social de la fermière*, Bruxelles, 1911, p. 67.

13. *Idem*, p. 67.

14. *Idem*, p. 100-101.

15. *Idem*, p. 102.

16. Simone Monet-Chartrand, *Pionnières québécoises et regroupement des femmes d'hier et d'aujourd'hui*, Montréal, 1990, p. 195. Le mot « cercle » a ici le sens de lieu où les membres d'une association se réunissent périodiquement pour discuter des problèmes de leur profession. Au Québec, les « cercles de fermières » sont des associations de femmes rurales qui se groupent en fédération agronomique sous la direction des agronomes du ministère de l'Agriculture. La dénomination « cercle de fermières » a été adoptée en Ontario par les spécialistes du ministère de l'Agriculture du Québec, qui, sur l'invitation du ministère de l'Agriculture de l'Ontario, venaient donner des cours de couture et d'art culinaire dans les paroisses francophones de Prescott et Russell et qui, à l'occasion, créaient des associations de fermières.
17. Gail Cuthbert Brandt, « Les origines et le développement des Cercles de fermières au Québec », dans Naomi Black *et al.*, *Femmes et vie rurale au Québec et en Aquitaine*, p. 36.
18. Rapport de la secrétaire, Juliette Beaudry, 4 septembre 1941, fonds d'archives J.-F. Séguin, P44/28/11, CRCCF, Université d'Ottawa.
19. Alphonse Désilets, *Manuel-guide des cercles de fermières*, 1928, p. 4.
20. *Idem*, p. 6.
21. Linda Ambrose, « The Women's Institutes in Northern Ontario, 1905-1930: Imitators or Innovators ? », dans *Changing Lives: Women and the Northern Ontario Experience*, Toronto, 1996, p. 270.

    He urged the members to avoid all questions of a controversial nature, and, specifically, to avoid offending any members of the provincial legislature. « We are as an organization supported liberally by the Provincial Government, » he explained, « and it may be that there are some men connected with the Government or who will be members of Parliament who are not in favour of Women's Suffrage, and if it were known that Women's Institutes stood for Women's Suffrage, we might lose the influence of some members of Parliament. » For emphasis he added, « I hope I have made myself quite clear. »

22. Robert Migner, *Quand gronde la révolte verte*, Montréal, La Presse, 1980, p. 99.
23. *Idem*, p. 100.
24. Alphonse Désilets, *Manuel-guide des cercles de fermières*, Québec, 1928, p. 3.
25. *Idem*, p. 3.

CHAPITRE DEUXIÈME

Le mouvement associatif rural franco-ontarien

PRESCOTT ET RUSSELL

Congrès de fondation de l'Union des cultivateurs franco-ontariens

Il faut attendre l'année 1929 pour que la communauté rurale francophone crée son premier mouvement associatif en Ontario. En janvier 1929, Victor Barette, du journal *Le Droit* d'Ottawa, lance l'idée d'un congrès agricole des Canadiens français d'Ontario qui serait organisé par l'Association canadienne-française d'éducation d'Ontario (ACFEO).

Comme le soulignait le sénateur N. A. Belcourt, président de l'ACFEO, à l'ouverture du congrès, l'ACFEO avait lutté depuis l'année de sa fondation en 1910 pour assurer la survivance de la langue française en Ontario. Elle avait dédié ses efforts à la défense des droits des Franco-Ontariens à l'instruction en français. En 1929, après avoir obtenu l'enseignement obligatoire de la langue française dans les écoles fréquentées par des Canadiens français, l'ACFEO allait s'employer à faire progresser l'agriculture dans l'Ontario français. Étant une société éminemment patriotique, l'ACFEO considérait qu'elle devait travailler à améliorer les conditions d'existence des cultivateurs franco-ontariens. À son avis, elle avait reçu ce mandat des pères de famille de l'Ontario :

> Vos mandataires ont aussi reçu de vous et accepté le devoir de promouvoir la question concernant la migration, la colonisation, l'industrie agricole et commerciale [...] de coopérer avec les Franco-Ontariens [...] dans tous les champs de l'activité vers le progrès et le succès individuels et communs[1].

Victor Barette entend soumettre deux questions importantes à ce congrès : « Comment rendre l'agriculture payante, malgré la concurrence étrangère, et comment la rendre payante sur nos terres à nous Canadiens français de l'Ontario[2] ».

L'ACFEO offre son concours pour assurer le bon déroulement du congrès. Les lecteurs du *Droit* sont invités à faire savoir à l'ACFEO s'ils veulent la tenue d'un congrès agricole franco-ontarien au cours de l'hiver 1929[3].

Les lecteurs ont sûrement été favorables puisque, le 12 mars 1929, l'ACFEO invite les pères et mères de familles d'agriculteurs à prendre part à un congrès à Ottawa, les 16 et 17 avril. Les jeunes cultivateurs sont aussi les bienvenus.

Le 16 avril 1929, le journal *Le Droit* estimait que :

> Plus de cinq cents fermiers et fermières canadiens-français de l'Ontario ont répondu avec enthousiasme à l'appel lancé récemment par l'Association Canadienne-Française d'Éducation de la Province d'Ontario, à se réunir en un congrès agricole à Ottawa pour *étudier en commun* [c'est nous qui soulignons] les problèmes de la terre et les moyens de faire produire celle-ci d'une façon payante[4].

Les femmes sont mises à l'écart. Sur une photographie montrant les participants à la fondation de l'Union des cultivateurs franco-ontariens prise pendant le congrès, nous comptons 250 hommes, mais aucune femme. Pourtant, elles avaient été invitées au congrès. Elles étaient sûrement aussi nombreuses que les hommes puisque *Le Droit* fait état de 500 congressistes. Je présume qu'après la messe les femmes se sont dirigées vers les locaux qui leur étaient réservés, car le congrès était divisé en deux sections, une féminine et une masculine. Louis Charbonneau, inspecteur des écoles bilingues de Russell, discourut peu après sur la « Formation agricole de la jeunesse de la campagne[4] ».

Dans la section masculine, les cultivateurs, en compagnie d'experts et de représentants des ministères de l'Agriculture provincial et fédéral, discutaient des moyens de rendre l'agriculture plus florissante. L'agriculture avait commencé à s'industrialiser et la concurrence étrangère jouait contre la production canadienne. Au dire de Victor Barette :

> [M]ieux outillés, plus forts parce qu'unis par des coopératives, les agriculteurs des autres pays nous vendent malgré nous des denrées que nous produisons nous-mêmes en aussi grande quantité mais plus coûteusement[5].

Les congressistes concluaient donc que l'agriculture serait plus rentable si on obtenait d'abondantes récoltes, si on vendait des produits de qualité et si les entreprises agricoles tenaient une comptabilité. Les fermiers ne pouvaient plus continuer à employer les mêmes méthodes qu'en 1914. Pour faire échec à la concurrence des pays étrangers, les experts conseillaient la mécanisation des fermes et l'établissement de coopératives et de caisses populaires. La culture maraîchère devait uniquement procurer un revenu d'appoint. Il fallait aussi instituer des écoles d'agriculture.

Pendant que les cultivateurs conféraient sur la « grande industrie » qu'était devenue l'agriculture, les femmes traitaient de la « petite industrie » familiale. L'abbé Vital Pilon, curé de Limoges, discutait avec les fermières la mise en conserve artisanale du maïs, des fèves et des tomates. Se référant à sa propre expérience, il faisait valoir que les produits mis en conserve à la maison, s'ils étaient préparés selon les règles de l'hygiène, étaient supérieurs aux produits vendus dans le commerce. Evelyne Leblanc, conférencière-démonstratrice-adjointe au ministère fédéral de l'Agriculture entretenait les fermières sur la « valeur nutritive et économique du lait [et sur] le soin à lui donner ».

Alphonse Désilets, chef du Service de l'économie domestique au ministère de l'Agriculture du Québec, renseignait les fermières franco-ontariennes sur le fonctionnement des cercles de fermières au Québec. G. Bouchard, député de Kamouraska, parla de l'importance de l'industrie familiale.

Le même jour eut lieu une réunion spéciale du clergé. L'abbé H. Bois, de Sainte-Anne-de-la-Pocatière, prononça une conférence sur les écoles ménagères qu'il avait la charge d'inspecter. C'est probablement à la suite de cette conférence que l'abbé J.-A. Laflamme, curé de Sarsfield, fonda une école ménagère dans sa paroisse en 1932. Avec l'aide de l'ACFEO, il réussit à obtenir une institutrice diplômée de l'école classico-ménagère de Saint-Pascal au Québec. Outre les cours d'arts ménagers, Charlotte Cantin enseignait le français, l'anglais, l'arithmétique et l'histoire du Canada. Deux conférences portant sur des sujets d'ordre religieux étaient également données chaque mois devant les élèves pensionnaires ou externes.

Les cours ont essentiellement pour objet de préparer les filles de cultivateurs à tirer le maximum de profit des produits de la ferme, soit en préparant des plats nutritifs, soit en confectionnant la plupart des vêtements et des objets d'utilisation courante. « Le dévoué prêtre-fondateur y ajoute une formation aux principes catholiques et patriotiques » (*Histoire de la paroisse Saint-Hugues de Sarsfield, 1886-1986*). L'école fut obligée de fermer faute de ressources et de candidates, au dire d'une résidante de Sarsfield rencontrée au cours de ma recherche.

Malheureusement, tous les services décrits au cours du congrès étaient offerts uniquement au Québec. Les quelques services existants déjà en Ontario étaient offerts moyennant certaines conditions et en anglais seulement par le ministère de l'Agriculture de la province. La question était donc de savoir comment on allait procéder pour mettre sur pied des services en français en Ontario.

Dans les comptes rendus du congrès dans *Le Droit*, il n'est fait aucune mention de discussions ou de vœux exprimés par les fermières au terme de ces conférences. Il est vrai que la création d'une association de fermières n'était pas à l'ordre du jour. Leur rôle au congrès de fondation de l'Union des cultivateurs franco-ontariens se limitait à enregistrer ce qui se faisait au Québec en matière d'aide aux fermières.

Dès le début, en expliquant les raisons de tenir le congrès en question, Victor Barette avait cantonné les femmes dans la « petite industrie » : « L'agriculture serait payante si les cultivateurs apprenaient à contrôler les dépenses sur la ferme. »

Les organisateurs du congrès allèrent dans le même sens que Victor Barette en divisant le congrès en deux sections, une masculine et une féminine. En d'autres mots, les femmes à la cuisine! C'était là le rôle attribué aux femmes sur la ferme. Pendant que le mari s'occupait d'augmenter les revenus de l'entreprise familiale, la femme au foyer diminuait les dépenses en nourriture et en vêtements. En travaillant la laine et le lin, elle développait la « petite industrie » qui devait protéger contre la « cherté de la vie », comme disait Alphonse Désilets. Elle tenait également toutes les petites mains occupées et faisait passer aux jeunes gens l'envie d'aller chercher fortune à la ville.

Après le congrès, la « petite industrie » allait devenir le leitmotiv des fermières. L'expérience avait été concluante au Québec, Alphonse Désilets le soulignait dans le *Manuel-guide des cercles de fermières* : « la situation financière des familles s'était améliorée depuis la fondation des Cercles de Fermières » (1928 : 3). C'était aussi la conclusion à laquelle était arrivée la section féminine du congrès : afin de réduire les dépenses, l'« économie au foyer » devenait le mot d'ordre.

La discussion évoquée dans l'invitation de l'ACFEO concernait uniquement les experts et les fermiers, et les femmes en ont été complètement exclues. Leur présence en masse créait l'impression d'un grand congrès, et peut-être les organisateurs voulaient seulement qu'elles fassent nombre.

Au cours des années ultérieures, les fermières ont continué à être invitées aux congrès annuels à titre de spectatrices. « Les dames et jeunes gens ont aussi droit de présence » mentionnait l'invitation au congrès de 1930. Si l'on se fie aux comptes rendus des congrès, leur rôle se limitait à préparer le repas du midi des congressistes. Les fermières sont à l'ordre du jour, pour la première fois, au congrès de Vankleek Hill en 1935, dans la section « Arts ménagers ». Les congressistes adoptèrent une résolution demandant au gouvernement d'affecter, pour le bénéfice des comtés de Prescott et Russell, une institutrice bilingue aux cours d'arts ménagers[6].

Cette première manifestation de la classe agricole francophone en Ontario, en 1929, se déroulait dans l'Est ontarien, dans les comtés de

Prescott et Russell où est établie une forte concentration de francophones, le long de la rivière des Outaouais. Il faudra attendre l'année 1936 pour que de nouveau les fermières de l'Est ontarien se manifestent.

KENT ET ESSEX

Situation pénible des cultivateurs de Kent et d'Essex

Entre temps, dans les comtés de Kent et d'Essex, le 3 février 1931, le journal *La Feuille d'érable* entreprend la publication d'une série d'articles portant sur « des cultivateurs canadiens-français de la région qui traversent depuis plusieurs mois une période de dépression générale très sérieuse ». Il y a surproduction industrielle et agricole, mévente du blé et recul des exportations. Un autre article du 19 février 1931 figurant dans *La Feuille d'érable* et intitulé « Problème de l'heure » constate que les autorités civiles et religieuses sont d'accord sur le fait que le problème est dû à l'infiltration dans les classes laborieuses de doctrines communistes :

> Tout le monde s'alarme avec raison des désordres économiques et sociaux que le communisme est en train d'accumuler sur la société depuis la guerre de 1914-1918.

Afin d'enrayer le fléau du bolchevisme, *La Feuille d'érable* suggère au gouvernement de faciliter l'accès de toutes les classes de la société à l'instruction, à « une éducation conforme à notre caractère de Latins ».

La suggestion fut prise en compte puisque, le 1er février 1934, le journal annonce que des cours d'agriculture d'une durée de quatre semaines seront offerts à Saint-Joachim. Les cours seront donnés par deux agronomes francophones, P.-A. Dorion, de Sudbury, et Ferdinand Larose, de Prescott et Russell. Marie-Anne Samson, de Lambton au Québec, est chargée des cours destinés aux fermières. *La Feuille d'érable* précise que « [l]e département d'Agriculture d'Ontario se propose de donner à St-Joachim cette année les meilleurs cours agricoles possibles [*sic*] pour les Dames et Demoiselles ».

De plus, le comité organisateur invite les jeunes membres des professions libérales du comté d'Essex à collaborer. L'avocat Léo Sylvestre, de Belle-Rivière, dont nous aurons l'occasion de reparler, donna une conférence sur « les points de la loi pratiques pour les cultivateurs ».

Le 2 mars 1934, *La Feuille d'érable* rapporte à la une le banquet donné à Pointe-aux-Roches en vue de marquer la fin des premiers cours d'agriculture offerts complètement en français. Ces cours ont été obtenus grâce aux démarches de Paul Poisson, député du comté à l'Assemblée législative, de l'Association Saint-Jean-Baptiste, du docteur Morand et du sénateur Lacasse. Le représentant du ministère ontarien de l'Agriculture, R. H. Clemens, les supervise. Quarante étudiantes ont aussi suivi les cours en arts ménagers donnés par Anne-Marie Samson ainsi que par Violet S. Kratz et Betty Nelles des Women's Institute de Toronto.

Paul Poisson, ministre sans portefeuille dans le cabinet Henry, se déclara heureux du plein succès de ce premier cours en agriculture donné en français et fit valoir que la conjoncture économique expliquait qu'aucun agronome canadien-français n'avait encore été nommé dans Essex-Nord. *La Feuille d'érable* ajoutait :

> L'appointement d'un agronome chez nous ne serait pas un luxe, surtout si l'on pense que jamais, à notre connaissance, nos gouvernants ont été assez extravagants (?) pour nous donner un agronome qui soit bien à nous.

Le 13 septembre 1934, le même journal déplore que l'année 1934 ait été désastreuse pour les cultivateurs. En septembre, ceux-ci apprenaient par le truchement des *welfare boards* que le gouvernement allait cesser de subventionner les résidants des districts ruraux. Cette mauvaise nouvelle s'ajoutait à l'absence presque complète de pluie pendant deux ou trois mois, ce qui avait entraîné une insuffisance de fourrage pour le bétail. À cela se joignaient les effets désastreux de la crise économique, le départ d'un agronome francophone, le peu d'aide mutuelle entre les cultivateurs afin de réclamer la « part légitime d'assistance qu'ils méritent ». Il est compréhensible, dès lors, que l'auteur de l'article, Janvier Leroux, cite les propos qu'un évêque adressait aux cultivateurs de son diocèse : « Mes chers amis, mêlez-vous de vos affaires, mais mêlez-vous-en. »

Le conseil ne tomba pas dans l'oreille d'un sourd. Le 3 janvier 1935, *La Feuille d'érable* publia un article de Léo Sylvestre, intitulé « Renaissance agricole », qui lance un cri d'alarme :

> L'agriculture, industrie-mère de notre pays canadien s'en va périclitant dans la partie nord de notre comté d'Essex, où sont groupés plusieurs milliers de cultivateurs canadiens-français. Trop fiers pour vivre des deniers publics — assistance que reçoivent à juste titre les chômeurs des villes —, nos agriculteurs s'enfoncent de jour en jour davantage dans un gouffre de dettes d'où ils ne pourront plus jamais sortir [...]. Pour comble de malheur nos « habitants » ne peuvent plus emprunter d'argent de l'Agricultural Development Board. Et de plus on leur a enlevé leur agronome canadien-français, et voici qu'on apprend que les cours abrégés en agriculture qu'on leur donnait dans leur langue depuis deux ans sous les auspices du gouvernement provincial [...] seront discontinués cette année. Le changement d'attitude du gouvernement cause un profond désappointement et l'on organisera sous peu un mouvement pour venir en aide aux cultivateurs éprouvés, et disons le mot, trop longtemps négligés dans ce coin de pays. On tâchera par ce moyen d'opérer la « Renaissance agricole » qui s'impose.

Quoiqu'il n'en soit fait aucune mention dans les reportages, nous présumons que le ministère de l'Agriculture de l'Ontario a informé les fermiers et les fermières des comtés de Kent et d'Essex que, s'ils voulaient continuer à recevoir des cours de base en agriculture et en économie domestique, ils devaient à la fin de ces derniers fonder l'équivalent d'un Women's Institute qui serait reconnu par le ministère de l'Agriculture.

Les cultivateurs sont donc conviés à une assemblée à Belle-Rivière, le 8 janvier 1935, en vue de jeter les bases d'une nouvelle société de « renaissance terrienne et de salut agricole ». Le 10 janvier 1935, *La Feuille d'érable*, à la une, indique que nombreux sont ceux qui ont répondu à son appel et qu'un comité provisoire a été mis sur pied afin de « donner suite aux multiples idées énoncées au cours de la soirée ». L'unique orateur anglophone de la soirée, George Rush, qui était attaché au ministère provincial de l'Agriculture à titre d'expert dans la culture maraîchère, « exprima sa sincère sympathie à l'endroit du réveil agricole qui s'annonce sous d'aussi heureuses [*sic*] auspices ».

Selon *La Feuille d'érable* du 24 janvier 1935, les efforts des directeurs en exercice « seront dirigés vers le gouvernement provincial dans le but d'obtenir des cours abrégés en français sur l'agriculture — comme par le passé — et un agronome bilingue pour répondre aux besoins particuliers de cette région d'Essex ».

Fondation de l'Union des cultivateurs de Kent et d'Essex

La Feuille d'érable du jeudi 28 février 1935 annonçait la fondation de l'Union des cultivateurs de Kent et d'Essex (UCKE). Plus de 600 cultivateurs venus des quatre coins des comtés de Kent et d'Essex s'étaient réunis le lundi précédent et avaient jeté les bases de la nouvelle association. Léo Sylvestre dirigeait la première séance et il fut élu à l'unanimité président de l'UCKE.

Les cultivateurs choisirent comme devise : *Par le soc nous triompherons* et comme patron saint Isidore, modeste laboureur espagnol. Ferdinand Larose, agronome de Prescott et Russell, venu spécialement de Plantagenet, parla de l'importance pour les agriculteurs d'étudier les problèmes de leur région[7].

Angus McKenney, agronome provincial d'Essex, fit, à la suite de l'abbé Isidore Poisson, nommé aumônier général de l'UCKE par Mgr Kidd, quelques observations sur la culture particulière à la péninsule. Il transmit aux personnes présentes les salutations les meilleures de Duncan Marshall, ministre de l'Agriculture de l'Ontario.

Il n'est fait aucune mention de la présence des femmes. Elles prenaient sûrement part à la réunion puisque, durant l'après-midi, « un grand nombre de personnes admirèrent les intéressants étalages de maïs et d'ouvrages domestiques ».

Fondation de l'Union des fermières de Kent et d'Essex

À l'occasion du deuxième congrès de l'Union des cultivateurs de Kent et d'Essex, *La Feuille d'érable* du 6 février 1936 mentionne que 1 500 fermiers et fermières ont assisté au congrès à Saint-Joachim les 28, 29 et 30 janvier. Cette fois, il est fait état de la participation des femmes à une réunion préparatoire en vue du congrès de Saint-Joachim où il avait été décidé que celui-ci durerait trois jours, vu l'intérêt marqué du public.

> D'abord ce sont les femmes qui veulent avoir une journée pour elles-mêmes. Et pourquoi refuser ? Que n'ont pas fait les femmes canadiennes pour l'agriculture ? C'est avec joie que l'UCKE leur accorde une journée. Mais en retour il faut qu'elles préparent de beaux étalages de tricot, ouvrages de fantaisie et d'autres ouvrages faits à la main à domicile. Si elles réussissent bien elles pourront fonder une union des fermières[8].

Dans l'invitation à assister au congrès adressée aux femmes, *La Feuille d'érable* du 9 janvier 1936 signale que « c'est la première fois que les dames canadiennes-françaises des comtés d'Essex et de Kent sont appelées à se réunir en Congrès ». Maintenant qu'elles ont la permission des cultivateurs, elles pourront discuter ensemble et fonder un cercle des fermières.

Le congrès coïncidait avec la fin des cours abrégés d'agriculture qui avaient été donnés à Belle-Rivière du 7 au 31 janvier 1936, sous les auspices du ministère de l'Agriculture de l'Ontario et sous la supervision d'Angus McKenney. Mlles A. E. Brulotte et H. M Fulton du WI de Toronto avaient donné les cours de couture et de cuisine, auxquels avaient participé 47 femmes. De même, Bess McDermand du WI de Toronto fit une allocution devant les invités. Elle assistait au congrès, car, à l'occasion de la journée des femmes, le 28 janvier 1936, une union des fermières avait été créée. Le WI veillait sur ses intérêts. Mme Louis-Philippe Pinsonneault fut élue première présidente de l'Union des fermières de Kent et d'Essex[9].

Un grand nombre de fermiers étaient présents à Saint-Joachim le troisième jour du congrès, jour qui leur était consacré. L'abbé E. Racan, curé de Limoges et aumônier général de l'Union des cultivateurs franco-ontariens de Prescott et Russell, fut le premier orateur à se faire entendre. Nous retrouverons l'abbé Racan quand les femmes de Prescott et Russell créeront à leur tour des cercles de fermières.

À l'occasion du troisième congrès de l'Union des cultivateurs de Kent et d'Essex à Pointe-aux-Roches, les 27, 28 et 29 janvier 1937, *Le Droit* du 26 janvier 1937 rappelle que « la première journée, le mercredi, a été consacrée à l'Union des Fermières, fondée l'an dernier comme auxiliaire de l'UCFO ».

Il y a encore cette année une exposition de maïs et d'arts ménagers. Mme Louis-Philippe Pinsonneault est réélue présidente. Le deuxième jour du congrès, le Père Joyal, o.m.i., directeur du secrétariat de l'Association canadienne-française d'éducation d'Ontario, s'adressa aux jeunes cultivateurs. Le lendemain, l'abbé E. Racan célébra la messe. Helen Woods, du ministère de l'Agriculture était au nombre des orateurs lors de la soirée de clôture du congrès.

Apparemment, la communauté franco-ontarienne ne considérait pas l'Union des fermières de Kent et d'Essex comme un Women's Institute, une association anglophone, même si Bess McDermand, directrice des Women's Institute de Toronto, était présente lors de la création de l'Union l'année précédente (1936) et même si Helen Woods figurait parmi les orateurs au banquet de clôture du congrès (1937). La présence du Père Joyal et de l'abbé Racan témoigne du caractère francophone que l'on voulait donner à l'Union des cultivateurs et à l'Union des fermières de Kent et d'Essex.

Le 20 janvier 1938, *La Feuille d'érable* annonce que Léo Sylvestre démissionne de la présidence de l'UCKE et qu'Eugène Levasseur et Philéas Grondin deviennent respectivement président et vice-président provisoires de l'UCKE. Le journal indique en outre que Daniel Pomerleau, agronome de Cochrane, prend en charge les cours d'agriculture et que Mlles Poulin et Scott donneront les cours d'arts ménagers à Pointe-aux-Roches.

La clôture des cours eut lieu le 29 janvier 1938 à Pointe-aux-Roches, sous la présidence conjointe de Philippe Chauvin et de Philias Grondin. « Les Cercles de Fermières sont à l'honneur », titre *La Feuille d'érable*, qui n'en dit pas plus long sur la participation des fermières[10].

Le 23 février 1938, à la différence de ce qui s'était passé les années précédentes, l'assemblée générale de l'UCKE ne dura qu'un après-midi. Les nouveaux directeurs pour l'année en cours furent élus. Philippe Chauvin de Pointe-aux-Roches fut choisi pour succéder à Léo Sylvestre comme président de l'UCKE. Dans le compte rendu publié par *La Feuille d'érable* le 24 février 1938, il n'est fait aucune mention d'une assemblée des fermières, mais on indique que « Mme L. P. Pinsonneault, présidente des cercles de fermières, prenait place à la table d'honneur ». Les femmes avaient « délicieusement décoré et préparé les victuailles pour les deux cents convives » au banquet. Le sénateur Lacasse insista de nouveau pour obtenir les services d'un agronome bilingue.

Le jeudi 16 janvier 1939, *La Feuille d'érable* souligne le succès de la « magnifique soirée agricole » clôturant le cinquième congrès annuel de l'Union des cultivateurs de Kent et d'Essex. L'accent est mis sur la formation des cercles d'études pour les jeunes agriculteurs et encore une fois sur la nécessité de recourir aux services d'un agronome de langue française dans les comtés de Kent et d'Essex.

Impossible de savoir s'il y eut une assemblée des fermières, mais toutefois on donne les noms des directrices nouvellement élues. Mme Armand Lavoie fut nommée au poste de présidente, en remplacement de Mme Louis-Philippe Pinsonneault.

Dans la chronique « La renaissance agricole » de *La Feuille d'érable* du 2 février 1939, Agricola rend hommage au travail des cercles de fermières :

> Nous nous en voudrions de ne pas accorder une mention spéciale aux vaillants cercles de fermières. Eux aussi, ils ont beaucoup accompli, et cela malgré peut-être des difficultés encore plus grandes que celles que rencontrèrent les hommes dans la mise au point de leur organisation.

Mais un article intitulé « Une nouvelle association agricole » et publié dans *Le Droit* du 27 février 1940 constate

> avec regret l'état léthargique de notre Union des cultivateurs de Kent et d'Essex. On a même annoncé officiellement il y a quelque temps qu'il n'y aurait pas d'exposition agricole cette année sous les auspices de cette organisation. Et personne ne parle non plus de l'élection annuelle qui a généralement l'habitude d'avoir lieu en janvier.

Le Droit précise :

> [On] venait d'annoncer la formation d'une nouvelle association agricole appelée Essex-Kent Corn Producers Co-operative Association Limited. La mission de cette dernière coïncidera-t-elle avec le décès de la première, c'est ce que plusieurs craignent [...]. Mais notre classe agricole française peut-elle supporter plus qu'une association ? C'est ce dont nous doutons fort.

De fait, l'Union des cultivateurs de Kent et d'Essex et sa section féminine, l'Union des fermières de Kent et d'Essex, qui étaient parvenues à se maintenir en activité de 1936 à 1940, avaient cessé d'exister.

Sauf pour ce qui concerne la participation des fermières aux expositions tenues en marge des congrès, les activités de ces dernières pendant ces quatre années sont complètement passées sous silence dans les comptes rendus de *La Feuille d'érable* et du *Droit*. Par exception, la rédactrice de la page « La vie agricole » du *Droit* demande aux fermières de Prescott et Russell de se montrer solidaires des fermières de Kent et d'Essex.

Création de l'Union des familles rurales de Kent et Essex

En 1947, Georges Michaud, agronome de Hull, était invité par un ancien membre de l'Union des cultivateurs de Kent et d'Essex rencontré au congrès de l'Association canadienne-française d'éducation d'Ontario tenu à Ottawa, « à jeter un coup de sonde dans le milieu rural canadien-français de Kent et d'Essex, avant-poste de la Survivance Française et Catholique ».

Dans un article du *Vivre plus* de février 1978, Georges Michaud relate les circonstances qui ont entouré cette invitation :

> À ce banquet, voisin d'un chic monsieur à l'air distingué et au langage châtié, mais la main calleuse et vigoureuse, je lui dis : « Ne seriez-vous pas un cultivateur ? » — « Eh oui » répondit-il avec fierté. « Et vous ? » — « Un agronome » lui dis-je. — « Enchanté de vous connaître, car je suis à la recherche d'un agronome de langue française pour nos paroisses rurales de Kent et d'Essex. » — « Vous avez eu un tel agronome en 1931 et vous l'avez laissé partir. » — « C'est exact, il était bon technicien, mais encore meilleur disciple de Bacchus. Il a été remercié par le gouvernement, qui n'a pas voulu en engager un autre. »

Georges Michaud lui demanda alors : « Pourquoi toujours compter sur le gouvernement quand vous êtes parmi les plus progressifs et les plus riches fermiers du Canada, donc capables de vous en payer un ? » Il expliqua comment, lui, il résoudrait le problème, à la suite de quoi son interlocuteur lui dit : « Pourquoi ne viendriez-vous pas rencontrer nos gens ? Le prestige d'un étranger est souvent plus effectif qu'un homme du milieu » (1978 : 5).

Avec l'appui de l'Association canadienne-française d'éducation d'Ontario et de l'Union des cultivateurs franco-ontariens, Georges Michaud accepta l'invitation. Le ministre de l'Agriculture du Québec, Laurent Barré, l'autorisa à aller dans la région de Windsor. Toutefois, le ministre le mit en garde : « Si le gouvernement de l'Ontario proteste, vous risquez votre position ici[11]. »

Le lendemain de son arrivée dans la région de Windsor, le 30 juin 1947, Georges Michaud assista à la réunion de la Ligue des anciens combattants, réunion à laquelle prenaient part une centaine de citoyens de la région de Detroit et de Windsor. Philippe Chauvin, cultivateur, président de la Fédération régionale de la Saint-Jean-Baptiste, présenta Georges Michaud comme un agronome chargé de se renseigner sur les cultures maraîchères industrielles de la région, et en particulier, sur la culture de la betterave à sucre. Georges Michaud camoufla les véritables motifs de son voyage en faisant une allocution sur « le congrès Marial et son message de liberté, d'amour et de paix ». C'est sous cette étiquette qu'il put continuer à recueillir des renseignements sur la situation des agriculteurs français et catholiques des municipalités rurales de Kent et d'Essex[12].

À l'occasion de cette visite dans les campagnes des comtés de Kent et d'Essex, les cultivateurs réunis à Saint-Joachim, le 30 juin 1947, décrivirent les besoins de la région. Les douze villages francophones de Kent et d'Essex, tous dirigés par des curés canadiens-français, comptaient environ 1 500 cultivateurs. Georges Michaud constate que les Canadiens français de la région ne possèdent pas d'associations agricoles, mais que les cultivateurs les plus progressistes sont membres d'organisations de langue anglaise. Par ailleurs, la doctrine sociale de l'Église s'oppose aux associations d'agriculteurs. Michaud est d'avis que les coopératives d'épargne, de crédit et d'achat profiteraient à tout le monde. En outre, il faut songer à la jeunesse, qui, selon lui, « s'américanise rapidement, dans le mauvais sens du mot. Elle est en voie d'être circonvenue par les communistes de Detroit et de Windsor. »

De plus, ajoute Michaud dans *Visites dans les campagnes des comtés de Kent et d'Essex* (1947 : 2) :

> Sauf de rares exceptions, les curés s'en tiennent strictement à leur ministère religieux et ne s'intéressent pas publiquement et souvent pas du tout à l'organisation patriotique et sociale de leurs gens. Même dans l'organisation scolaire, ils sont d'une prudence défaitiste plutôt qu'ecclésiastique.

Dans l'article publié dans *Vivre plus*, « Une réussite aux avant-postes » (février 1978 : 5), Michaud affirme :

> Au point de vue national les curés canadiens-français pratiquent la prudence ecclésiastique à un degré inconnu dans les autres parties du Canada, au détriment de leur prestige dans l'esprit de nos gens (diocèse de London).

Dans la conclusion de *Visites dans les campagnes des comtés de Kent et d'Essex* (1947 : 4), Michaud rappelle

> qu'il y a eu en 1935, une tentative d'organisation des cultivateurs franco-ontariens et de Cercles de Fermières. Le principal travail a consisté (paraît-il) dans la tenue de très belles expositions agricoles surtout de blé d'inde de semence et d'art domestique. En 1937, l'apparition du blé d'inde hybride et les préoccupations politiques de l'organisateur en chef, Léo Sylvestre, amenèrent la disparition du mouvement.

Comme les cultivateurs progressistes réunis à Saint-Joachim le 30 juin 1947, Michaud estime

> qu'un Bureau Agricole, dans la région, dirigé par un agronome canadien-français, patriote et catholique au sens social averti, permettrait d'organiser les cultivateurs, leurs femmes et la jeunesse rurale, selon les données de la doctrine sociale de l'Église.

Selon Michaud, le succès de l'entreprise serait pour ainsi dire assuré si les curés prêtaient discrètement leur concours et si l'évêque leur déléguait un aumônier capable de se dévouer à la cause. Tenant compte de l'échec retentissant de l'Union des cultivateurs dans la région, l'assemblée est d'avis que l'organisation doit être à la fois locale et régionale et grouper les agriculteurs des deux sexes et les jeunes.

L'Union des familles rurales de Kent et Essex

L'Union des familles rurales de Kent et Essex (UFRKE) a été fondée à Paincourt en novembre 1948. L'Union est une association professionnelle agricole et chrétienne qui a pour but l'éducation mutuelle de ses membres et la défense de leurs intérêts communs. Le groupement comporte quatre sections professionnelles (hommes, femmes, garçons et filles) et réunit des familles rurales francophones tirant leur principal revenu de l'agriculture. Tous les parlants français sont acceptés. Les juifs, les athées, les communistes, les catholiques ou les protestants non pratiquants ne peuvent pas être admis dans l'Union. Celle-ci a pris comme devise *Vivat labor* (« Vive le travail ») et comme patrons saint Isidore et saint Jean-Baptiste pour les hommes et sainte Jeanne d'Arc, humble fille des champs, pour les femmes. La cotisation du membre ordinaire est fixée à vingt dollars par année.

Les frais d'affiliation de l'UFRKE à l'Union des cultivateurs franco-ontariens de Prescott et Russell représentent deux dollars par famille, et ceux de l'affiliation à l'Union catholique des fermières de la province d'Ontario et à l'Association centrale des jeunes totalisent un dollar par famille dans l'un et l'autre cas.

Ces organismes fournissent des conseils, des bulletins de propagande, un service de coopération, la revue familiale *La Terre ontarienne* et, au besoin, des conférenciers, toutes choses que l'Union des cultivateurs de Kent et d'Essex a été incapable d'offrir.

L'Union procure dans chacun des secteurs des services de formation (technique agricole et arts ménagers), de coopération (récréation, sports et aide à l'entreprise), d'information sociale et de contacts. Pour son service de formation, l'Union bénéficie des services d'un agronome et prévoit dès que ses ressources le lui permettront de recourir à ceux d'une spécialiste en arts ménagers. Dans son service de soutien mutuel, l'Union développe le sens de la coopération chez ses membres. Elle met sur pied des coopératives de vente et d'achat, d'épargne et de crédit, des comptoirs coopératifs de vente de produits artisanaux. Avec son service d'information sociale, l'Union se donne pour tâche de répandre la doctrine sociale de l'Église catholique dans le milieu rural et de tenir le communisme en échec.

Les organisateurs ont prévu que les femmes prendraient part aux décisions. L'exécutif est formé d'un président (ou d'une présidente), d'un premier et d'un deuxième vice-président (dont l'un doit être une femme), d'un secrétaire, d'un trésorier et de deux directeurs[13].

La nouvelle union a deux objectifs essentiels : l'obtention des services d'un agronome francophone et, si possible, d'une technicienne, ainsi que la lutte contre le communisme, comme le prône Philippe Chauvin dans la lettre du 15 mai 1948 demandant aux agronomes du Québec une contribution financière[14].

À l'occasion de la fête de la Saint-Jean-Baptiste, le 3 juillet 1949, à Pointe-aux-Roches, l'UFRKE annonce l'embauche d'Antoine Titley, un agronome franco-ontarien, dans la force de l'âge, vétéran de la guerre de 1939-1945 persuadé de la nécessité de lutter contre le communisme[15]. Le but que s'était fixé Georges Michaud, sur le conseil de Philippe Chauvin, au banquet de l'ACFEO à Ottawa, était atteint : les comtés de Kent et d'Essex avaient enfin un agronome francophone.

Antoine Titley a travaillé dans la péninsule entre Chatham et Windsor pendant huit années, de 1949 à 1957. Il fut d'abord pendant un an uniquement le représentant de l'UFRKE. Entre 1950 et 1957, c'est à titre de spécialiste de la culture des petits pois et du maïs sucré à la compagnie Green Giant, à Tecumseh qu'il servit les agriculteurs de Kent et d'Essex. En 1957, il alla exercer sa profession dans le comté de Pontiac au Québec.

Le premier congrès de l'UFRKE se tint à Paincourt, le 4 décembre 1949. Adrien Caron est nommé président et Mmes Treflé Laprise et Léo Massé sont élues vice-présidentes. Antoine Titley est présenté comme le secrétaire propagandiste[16]. Il rend compte, à cette assemblée annuelle, de son travail dans les villages de Paincourt, de Grande-Pointe, de Pointe-aux-Roches, de Saint-Joachim et de Stevenson-Tilbury[17].

Le deuxième congrès, et le dernier dont on trouve un compte rendu dans *La Feuille d'érable* et dans *Le Droit*, a lieu le 10 décembre 1950 à Belle-Rivière. Raoul Gagner est élu président, Mme Léo Massé deuxième vice-présidente et Mme Alcide Caron troisième vice-présidente. Le nom d'Antoine Titley n'apparaît nulle part dans les comptes rendus.

Mgr V. Croteau, aumônier de l'Union catholique des cultivateurs franco-ontariens, et Raymond Bériault, représentant bilingue de l'enseignement aux adultes au ministère de l'Éducation, prononcèrent chacun une conférence. *Le Droit*, rendant compte du congrès, mentionne que Roland Bériault a suggéré aux femmes présentes de s'affilier aux cercles Jeanne LeBer d'Ottawa et de Hull. Les cercles Jeanne LeBer, fondés en 1943 par l'abbé Ernest Préseault, sont reconnus pour leurs travaux d'artisanat. L'artisanat avait été, selon Michaud, le principal moteur de la défunte Union des fermières de Kent et d'Essex. Les femmes de l'UFRKE, férues d'artisanat, devaient chercher de l'aide ou créer un organisme spécial.

L'affiliation à l'Union catholique des fermières de la province d'Ontario qui avait été proposée au moment de la fondation de l'UFRKE ne s'est jamais concrétisée. Pour notre part, nous n'avons trouvé dans les archives de l'UCFO au Centre de recherche en civilisation canadienne-française (CRCCF) aucun document concernant une demande d'affiliation de l'UFRKE. De toute façon, ainsi que nous le verrons dans le chapitre suivant, l'UCFO n'aurait pas été en mesure de venir en aide à cette dernière, car elle était en train de se réorganiser et se trouvait dépourvue de ressources.

L'activité de l'Union des familles rurales de Kent et Essex a été de courte durée. Le fonds d'archives de Georges Michaud au CRCCF révèle qu'en 1948 il y avait cinq unions et un total de 156 membres et que, en 1950, le nombre de membres que comptent les unions est descendu à 91. Nous ne trouvons plus aucune donnée pour les années subséquentes.

Le 24 mai 1949, dans une lettre à Roland Gagner, secrétaire de l'UFRKE, de la Société Saint-Jean-Baptiste de l'ouest de l'Ontario et de l'Association canadienne-française d'éducation d'Ontario, qui est à la recherche d'un propagandiste, Georges Michaud indique que son séjour dans la péninsule du Niagara lui a permis de voir que :

> l'on peut compter sur la bonne volonté des officiers et directeurs de votre association de la St-Jean-Baptiste, des curés des paroisses [...] mais il n'y a pas quelqu'un qui a le sens du recrutement, la volonté et la conviction et le temps de s'en occuper; vos organisations continueront à végéter avec des soubresauts passagers d'activités; car tous ces messieurs ont des occupations journalières importantes qui les empêchent de travailler comme ils le voudraient[18].

Georges Michaud a peut-être trop attendu des agriculteurs de Kent et d'Essex. Dans un rapport remis à E.-C. Désormeaux, président de l'ACFEO, le 30 novembre 1948, il décrit le travail du secrétaire, Roland Gagner, et déclare que les résultats ne sont que préliminaires. Même s'il avait prévu seulement une organisation locale et régionale, il est question dans le premier rapport soumis à l'ACFEO :

> Non seulement d'assurer la vie d'un centre de pays, mais aussi de le faire contribuer, au moyen d'affiliations appropriées, à nos organismes provinciaux et nationaux tel [*sic*] l'Union des cultivateurs franco-ontariens, l'Association canadienne-française d'Ontario, le comité permanent de la Survivance Française en Amérique, l'Association des Commissaires d'École et la Fédération Saint-Jean-Baptiste de l'Ontario[19].

Il n'y a aucun doute qu'il avait l'intention de mobiliser ceux de « la masse qui reste à la maison » qu'il avait découverts lors de sa première visite dans la péninsule.

Nous avons dépouillé *La Feuille d'érable* jusqu'en 1959, et, après 1950, le journal ne rapporte plus aucune activité de l'UFRKE.

Les efforts infructueux des cultivateurs en vue de rénover l'agriculture dans Kent et Essex ont eu des répercussions négatives sur la situation des femmes dans les projets des cultivateurs. Elles ont été dépendantes des organisations masculines et ont dû renoncer à l'Union des fermières. Pendant huit ans, les fermiers se sont employés à obtenir les services d'un agronome bilingue, mais il n'a jamais été possible d'obtenir une technicienne francophone. De plus, comme les femmes ont été reléguées dans la section féminine de l'Union des cultivateurs et dans la section professionnelle de l'UFRKE, leur rôle dans la modernisation de la classe agricole a été nécessairement moins important que celui des agriculteurs. Est-ce que les femmes ont eu à payer un prix trop élevé pour obtenir ce qui leur tenait le plus à cœur, c'est-à-dire des cours d'arts ménagers, ou a-t-on simplement fait fi de leurs aspirations ?

Dans le chapitre suivant, nous examinerons de nouveau la situation dans l'est de l'Ontario. Dans cette région, les fermières francophones s'efforcent de se regrouper afin de bénéficier des cours d'économie domestique offerts par le ministère de l'Agriculture de l'Ontario. Cependant, elles seront aussi en butte à la volonté des hommes de contrôler leurs activités. Alors que, dans les comtés de Kent et d'Essex, on déplore l'attitude effacée du clergé, dans Prescott et Russell ce sont les clercs du diocèse aidés de ceux du Québec qui doteront les fermières d'une organisation et en prendront le contrôle.

Notes

1. *Le Droit*, 16 avril 1929, p. 8.
2. *Le Droit*, 9 janvier 1929, p. 7.
3. *Idem.*
5. *Le Droit*, 16 avril 1929, p. 8.
6. *Le Droit*, 9 janvier 1929, p. 7.
7. *Le Droit*, 15 octobre 1935, p. 3.
8. *Le Droit*, 1er mars 1935, p. 13.
9. *La Feuille d'érable*, 5 décembre 1935, p. 7.
10. *La Feuille d'érable*, 6 février 1936.
11. *La Feuille d'érable*, 3 février 1938.
12. Georges Michaud, « Une réussite aux avant-postes » dans *Vivre plus*, vol. 1, nº 8, février 1978, p. 5.

13. Georges Michaud, *Visites dans les campagnes des comtés de Kent et d'Essex, en Ontario, du 29 juin au 1er juillet*, le 12 juillet 1947, p. 5, fonds d'archives Georges Michaud, P62/3/1, CRCCF, Université d'Ottawa.

14. *Statuts et règlements de l'Union des familles rurales de Kent et Essex*, p. 15, fonds d'archives Georges Michaud, P62/3/4, CRCCF, Université d'Ottawa.

15. Voir Annexe 3 : lettre de Philippe Chauvin aux agronomes du Québec.

16. *Vivre plus*, vol. 1, nº 8, février 1978, p. 6, fonds d'archives Georges Michaud, P62/3/3 CRCCF, Université d'Ottawa.

17. *La Feuille d'érable*, 9 décembre 1949, p. 3.

18. *La Feuille d'érable*, 12 janvier 1950.

19. Fonds d'archives de l'ACFO, C2/264/3, CRCCF, Université d'Ottawa.

20. Fonds d'archives de l'ACFO, C2/264/3, CRCCF, Université d'Ottawa.

CHAPITRE TROISIÈME

L'Union catholique des fermières de la province d'Ontario

CERCLES DE FERMIÈRES (WI) DANS PRESCOTT ET RUSSELL

Dans son compte rendu du cinquième congrès de l'Union des cultivateurs franco-ontariens, tenu à Clarence Creek, *Le Droit* du 28 septembre 1934 rapporte un souhait formulé par les fermières :

> Résolution n° 4 :
>
> CONSIDÉRANT qu'elles peuvent beaucoup pour le relèvement de l'agriculture, particulièrement dans le domaine de la petite industrie, ce Congrès émet le vœu :
>
> Que chaque paroisse des comtés de Prescott et de Russell organise un Cercle de Fermières et que le gouvernement provincial soit prié de fournir à ces cercles des conférencières de langue française pour l'économie domestique rurale.

Cette résolution fait écho aux exigences du ministère de l'Agriculture de l'Ontario concernant les cours d'économie domestique donnés par les conférencières des WI. La condition essentielle pour obtenir des cours est qu'un cercle de fermières ait déjà été formé.

En février 1934, Ferdinand Larose, agronome francophone des comtés de Prescott et Russell, avait été invité à donner des cours abrégés d'agriculture en français aux fermiers de la région de Windsor en Ontario. Les fermières de Kent et d'Essex avaient aussi suivi les cours d'arts ménagers en français donnés par les spécialistes du ministère de l'Agriculture de l'Ontario.

De retour dans son comté, sur les instances des fermières, avec l'appui du président de l'Union des cultivateurs franco-ontariens (UCFO), Antonin Lalonde, et de l'Association d'éducation canadienne-française d'Ontario (ACFEO), Larose obtint du ministère de l'Agriculture de l'Ontario, en même temps que les cours d'agriculture, des cours en français de couture et d'art culinaire pour les fermières du comté de Russell. Il parvint aussi à obtenir les services de spécialistes francophones du ministère de l'Agriculture du Québec.

Le premier cours eut lieu en 1935 à Limoges, la paroisse de l'abbé E. Racan, aumônier de l'UCFO, lequel, comme nous l'avons vu, prenait part aux congrès de l'Union des cultivateurs de Kent et d'Essex (UCKE). Il est impossible de savoir avec certitude si ce sont leurs voyages dans la péninsule du Niagara qui ont amené l'agronome et l'aumônier de l'UCFO à organiser des cours dans l'Est ontarien, mais nous pouvons le supposer, étant donné les succès que connaissaient ces cours dans la région de Windsor.

À l'occasion de la clôture des cours d'arts ménagers, *Le Droit* du 26 avril 1935 titre à la une : « Brillante soirée hier à Limoges ». Le curé Racan et ses paroissiens célébraient, car ils étaient les premiers dans les comtés de Prescott et Russell à obtenir du gouvernement de l'Ontario des cours d'agriculture, de couture et d'art culinaire en français. Le curé remercia le comité d'organisation qui était présidé par Mme L. Bellefeuille. Les cours étaient donnés par Charlotte Cantin et Marie-Paule Poulin, deux Québécoises. Près d'une centaine de femmes ont suivi les cours d'une durée de quatre semaines, donnés quotidiennement, l'après-midi et le soir.

À la soirée de clôture, l'agronome Larose souligna que les cours d'agriculture qu'il avait donnés lui-même et les cours d'arts ménagers n'étaient qu'un début puisque, afin de répondre aux exigences du ministère de l'Agriculture de l'Ontario, ils devaient être suivis de la fondation de cercles d'agriculture et de fermières. Selon la pratique établie par le ministère, les techniciennes aidaient à la formation de cercles de fermières à la fin du cours. Toutefois, l'article du *Droit* n'indique pas s'il y eut création d'un cercle dans le cas qui nous occupe. Le rapport sur la fondation des cercles paroissiens rédigé par la secrétaire générale de la section féminine de l'UCFO en 1943 indique que le Cercle de fermières de Limoges s'est affilié à l'UCFO le 20 octobre 1938[1], mais il ne dit pas quand il a été fondé.

Le Père Arthur Joyal, o.m.i., directeur du secrétariat de l'Association canadienne-française d'éducation d'Ontario, s'adressa ensuite à l'assemblée : « Ces cours sont d'une haute importance au point de vue canadien-français, car le gouvernement se rendra vite à l'évidence de la nécessité d'offrir des cours en français. » Dans son allocution, il resta fidèle à la perception du rôle de la fermière qui avait été exprimée lors du congrès de fondation de l'Union des cultivateurs franco-ontariens en 1929, et fit ressortir l'importance de la « petite industrie ». Il félicita les organisateurs d'avoir compris qu'il était nécessaire, durant la crise économique en cours, de revenir au rouet et au métier à tisser. Selon lui, les cours qui venaient de se terminer montraient au cultivateur l'importance de l'économie :

> Pendant le dernier quart de siècle de prospérité que nous avons traversé, nos mères canadiennes ont peu à peu perdu l'habitude de tisser, de filer, de pétrir le pain. Elles achetaient à peu près tout chez le marchand du coin [...][2].

La nouvelle que des cours étaient offerts aux fermières se répandit rapidement, car *Le Droit* du 27 janvier 1937 rapporte que, à la fin de l'année 1936, à la suite des demandes répétées de l'ACFEO, des dirigeants de l'UCFO et de l'agronome Larose, cinq paroisses rurales francophones (Limoges, Casselman, Wendover, Clarence Creek et Embrun) avaient obtenu des cours d'économie domestique en français et fondé un cercle de fermières. Ces cercles venaient s'ajouter aux six Women's Institutes de Prescott et Russell (Vars, Navan, Pendleton, Vankleek Hill, Russell, Russell-Nord).

Ces cercles de fermières francophones étaient à proprement parler des Women's Institutes, ce qui est confirmé par la présence d'une représentante du Women's Institute de Toronto lors de la fondation des cercles à Casselman et à Embrun[3].

Les procès-verbaux et les rapports d'activités des cercles de Clarence Creek et de Wendover montrent à l'évidence que ceux-ci ont été, à l'origine, des Women's Institutes. Le cercle de Clarence Creek utilisait le papier à lettres du Women's Institute. Dans le procès-verbal de la réunion du 1er avril 1937, Annette David, secrétaire du cercle de Clarence Creek, note : « Ce cercle avait débuté sous le nom de Women's Institute (décembre 1936). De suite, le 1er avril 1937, il fut décidé de joindre l'Union catholique des cultivateurs d'Ontario[4]. »

De plus, nous pouvons lire dans *L'Historique du cercle de Wendover* (1971) :

> Les cours finis, tout de suite nous nous formions un comité et faisions notre demande au département d'agriculture d'Ontario pour faire partie des cercles de dames anglaises « Women's Institute ». Une trentaine de femmes de Wendover formaient donc le premier cercle de Canadiennes françaises de la province d'Ontario[5].

Les documents que nous avons consultés démontrent que Wendover n'a pas été le premier cercle de Canadiennes françaises en Ontario à se joindre au WI. Les femmes de Wendover ignoraient qu'en 1934 des cours d'agriculture en français étaient donnés dans les comtés de Kent et d'Essex et que, le 28 janvier 1936[6], un cercle de fermières avait été fondé à Saint-Joachim. Dans le comté de Russell, Casselman mit sur pied un cercle en février 1936[7]. Si l'on fait abstraction de Limoges, pour lequel nous ne disposons d'aucun document indiquant qu'il y a eu fondation d'un cercle à la clôture des cours en 1935, le cercle des fermières de Wendover est le deuxième des comtés de Prescott et Russell à fonder un cercle de fermières, au début du mois d'avril 1936[8].

Par ailleurs, il serait intéressant de faire des recherches afin de déterminer si le Women's Institute de Toronto prévoyait créer une section française en sus d'une section anglaise, à l'imitation de ce qui s'était fait en Belgique, où l'on trouvait une section française et une section flamande. S'il s'avère que non, est-ce qu'il voulait alors assimiler les fermières franco-ontariennes? C'était, semble-t-il, la crainte des dirigeants francophones de l'UCFO et de l'ACFEO. Ils voyaient d'un mauvais œil que les fermières francophones catholiques deviennent membres d'une organisation anglophone et protestante. Nous avons maintenant à considérer comment, à la demande des autorités ecclésiastiques, les dirigeants francophones ont réagi dès la première année d'existence des cercles de fermières relevant du ministère de l'Agriculture de l'Ontario, alors que les évêques du Québec ont mis vingt-cinq ans avant d'intervenir.

AFFILIATION DES CERCLES DE FERMIÈRES À L'UCFO ET À L'UCC

Section féminine de l'UCFO, cercles d'arts ménagers

Selon les témoignages des dirigeants de l'UCFO et de l'ACFEO, les cours d'agriculture et d'arts ménagers en français tels que ceux de Limoges, n'étaient pas faciles à obtenir du ministère de l'Agriculture de l'Ontario. Aussi, à la fin des cours d'arts ménagers à Limoges, le curé E. Racan a-t-il raison d'être fier : « [N]ous sommes les premiers à obtenir des cours en français dans le comté de Russell[9] ! »

Aux difficultés d'avoir des cours en français s'ajoutaient celles de répondre aux exigences du ministère de l'Agriculture. Si un institut n'existait pas déjà, on était tenu d'en fonder un après les cours. L'agronome Larose le rappelle aux cultivateurs et aux fermières de Limoges, à la fin de leurs cours en 1935. Le règlement s'applique aussi aux cours en français.

Jusqu'alors, les cours avaient été offerts seulement en anglais, pour les membres des Farmers' Institutes et des Women's Institutes. Le ministère de l'Agriculture de l'Ontario les considérait comme des organisations travaillant à améliorer le sort de la classe agricole en

Ontario. Dans les comtés de Prescott et Russell, les fermiers avaient leur organisation, l'UCFO, et le problème ne se posait pas pour les cours abrégés d'agriculture. Il n'en allait pas de même pour les fermières : elles devaient compter sur le soutien des cultivateurs pour obtenir des cours, car elles n'étaient pas membres de l'UCFO.

Les femmes étaient conscientes des difficultés que rencontraient les cultivateurs quand il s'agissait d'organiser des cours pour les fermières, et, au congrès des cultivateurs à Alfred, le 23 septembre 1936, une proposition concernant l'établissement d'une section féminine de l'UCFO fut émise :

> Il est proposé par Mlle Lucille Gratton, secondé par Mlle Anita Larose, que l'Union des cultivateurs réunis en congrès ajoute au groupement une section féminine qui serait reconnue sous le nom de « Cercles de fermières[10] ».

Ainsi, les fermières feraient partie d'un organisme voué à la défense des intérêts de la classe agricole francophone et pourraient recevoir l'aide du ministère de l'Agriculture de l'Ontario. Dans le passé, les Women's Institutes avaient résolu leurs problèmes de la même manière, c'est-à-dire en devenant la section féminine des Farmers' Union. À la fin des cours d'agriculture et d'arts ménagers à Clarence Creek, en décembre 1936, les dirigeants de l'UCFO et de l'ACFEO se sont, semble-t-il, entendus pour éviter que les fermières francophones de Prescott et Russell ne soient obligées de devenir membres du Women's Institute.

Antonin Lalonde, président de l'UCFO, indique dans son allocution qu'il « a fallu des mois de correspondance et de démarches pour obtenir des conférenciers pouvant s'exprimer en français[11] ».

À la même occasion, le Père Joyal, directeur du secrétariat de l'ACFEO, attribue en grande partie l'établissement des cours en français au travail de l'ACFEO. Il termine son discours en disant : « Combattons l'individualisme, la plaie de la race canadienne-française : si nous voulons obtenir quelque chose il faut se tenir les coudes[12]. »

Quant à l'abbé Racan, il fut plus explicite. Il sollicita les cultivateurs de Clarence Creek d'admettre un groupe de femmes dans leur union. « C'est à Clarence Creek de donner le branle[13] », dit-il.

Antonin Lalonde, président de l'UCFO, traite de nouveau du problème de l'obtention de cours d'arts ménagers dans un article paru dans *Le Droit* le 27 janvier 1937. Il songe à une solution qui faciliterait l'obtention de cours pour les femmes et les filles des cultivateurs franco-ontariens. « Comme normalement, le Cercle de Fermières se fonde à la suite d'un cours régulier, tout le travail concernant les dames a été extrêmement ralenti » puisque ces dernières ne font pas partie d'une organisation agricole. La tâche était ardue, car il fallait non seulement organiser des cours, mais aussi fonder un cercle de fermières à la fin des rencontres. Il souligne la difficulté : « Nous tournions dans un cercle vicieux puisque nous insistions pour que les cours soient donnés en français. » Il ajoute : « [P]as de conférencières qualifiées pas de cours ; pas de cours, pas de cercle, et pas de cercle ou d'organisation locale, impossible d'obtenir des cours réguliers ou spéciaux. » Il proposa la fusion des cercles de fermières et de l'UCFO :

> [À] l'occasion de la clôture des cours à Clarence Creek on a lancé un appel aux dames et demoiselles en faveur d'une section féminine de l'Union des cultivateurs franco-ontariens. Ne pourrait-on pas fusionner les deux, et considérer les Cercles de Fermières comme l'organe féminin de l'Union[14] ?

Si les fermières voulaient continuer à avoir des cours, elles devaient soit fonder un cercle de fermières et s'affilier au Women's Institute, soit créer une section féminine à l'UCFO. Elles optèrent pour la création d'une section féminine.

Le premier avril 1937, le Cercle de fermières de Clarence Creek devint le premier à s'affilier à l'UCFO, suivi de celui de Wendover, le mois suivant[15].

Dans *Le Droit* du 15 septembre 1937, Antonin Lalonde annonce la tenue d'un congrès des cultivateurs le 27 octobre à Rockland :

> Soyez prêts.
>
> N'oubliez pas vos épouses. Il y aura matière à les intéresser; il le faut bien, car c'est un secret de Polichinelle que les fermières veulent s'organiser [...] et [...] s'organiseront : Ce que femme veut, Dieu le veut!

Au congrès, l'abbé Racan écrivit dans le rapport des activités :

> [R]écemment l'UCFO entreprenait de fonder des Cercles de Fermières qui ont déjà remporté des succès comme le témoigne d'ailleurs l'exposition de leurs travaux manuels dans une salle adjacente à celle des délibérations. Trois cercles fonctionnent à date, ceux de Clarence Creek, de Wendover et de Treadwell[16].

Selon le compte rendu du congrès paru dans *Le Droit*, « les dames ont participé aux délibérations des séances d'étude en plus d'une magnifique exposition d'arts ménagers ». Pour la première fois à un congrès de cultivateurs, Mme Oscar Labelle, une fermière du cercle de Clarence Creek, présenta un travail fort intéressant sur les cercles de fermières. Elle fit valoir que les membres des cercles avaient à la fois un rôle familial et un rôle social. Dans la famille, la fermière doit s'attacher à rendre le foyer plus attrayant et plus gai en veillant à vivre dans la plus « stricte économie ». Le rôle social consiste surtout en un « travail d'éducation » auprès des autres membres des cercles afin de leur apprendre à tenir la maison.

Dans le rapport de la secrétaire au premier congrès de la section féminine en 1938, on peut lire :

> Au soir d'une féconde journée d'étude et de délibération, s'instituait formellement la section féminine affiliée à l'Union des cultivateurs. Sur l'heure on dota notre organisation d'un Exécutif chargé de la conduire au succès. Ce conseil se compose comme suit :
>
> | | |
> |---|---|
> | présidente : | Madame Joseph Lacasse |
> | v.-présidente : | Madame Paul-Emile Rochon |
> | secrétaire : | Mlle Françoise Senécal |
> | directrices : | Madame E. Bercier |
> | | Mademoiselle A. Pigeon[17] |

En juillet 1938, Mme Lacasse invite les membres de la section féminine de l'UCFO à prendre part au premier congrès annuel, qui allait se tenir le 30 août, à Wendover. Elle ajoute : « Grâce à la sagesse, au dévouement et à la sympathie des initiateurs, les deux cercles des débuts se sont développés en une association regroupant à ce jour üne douzaine de nouveaux cercles et un effectif de plusieurs centaines de membres[18]. »

Le Droit du 31 août 1938 estime à 300 le nombre de personnes présentes au congrès. Onze cercles de la section féminine avaient délégué des membres : Plantagenet, Wendover, Alfred, Treadwell, Saint-Pascal-Baylon, Clarence Creek, Casselman, Limoges, Sarsfield, Rockland, Rockland-Est.

Le Droit félicite l'UCFO d'avoir mis sur pied une section féminine :

> Pour répondre au désir des autorités de l'Église l'Union a pris en main la tâche d'intéresser l'élément féminin aux problèmes de l'agriculture et de former une section féminine[19].

Pour différencier les cercles qui se sont affiliés à l'UCFO de ceux qui ont continué à faire partie du WI, les comptes rendus utilisent non pas l'appellation Cercles de fermières, mais plutôt celle de Cercles d'arts ménagers de la section féminine de l'UCFO. Par ailleurs, les cercles avaient de la difficulté à trouver une dénomination. Un compte rendu de l'activité des cercles dans la chronique des cercles du *Droit*, édition du 21 juin 1939, parle du « Cercle de Fermières » de Clarence Creek, du « Cercle d'Arts Ménagers » de Treadwell et de « l'Institut des Dames d'Alfred ». Pourtant, ces cercles font tous partie de la section féminine de l'UCFO.

Les acteurs poursuivaient différents buts en appuyant la section féminine de l'UCFO. Ainsi, l'ACFEO voulait sauvegarder la langue française, l'UCFO désirait améliorer la situation matérielle de la classe agricole et l'Église entendait propager la foi. Chacun de ces acteurs a revendiqué l'honneur d'avoir fondé la section féminine de l'UCFO. Mais les membres de l'UCFO ont toujours considéré Mme Lacasse comme la fondatrice.

Mme Hector Langevin, la successeure de Mme Lacasse à la présidence de la section féminine, en 1939, nous éclaire sur le sujet. À l'occasion du départ de l'abbé Racan, nommé curé de Papineauville au Québec, Mme Langevin , dans *Le Droit* du 4 septembre 1940, indique qu'avec le départ de l'abbé Racan la section féminine de l'UCFO « perd son fondateur ». Tante Line, une collaboratrice de la page « La vie agricole », exprime aussi sa gratitude à l'abbé Racan. De toutes ses actions accomplies en tant qu'aumônier de l'UCFO, la plus marquante, selon elle, a été la fondation de la section féminine[20].

Ainsi, les comtés de Prescott et Russell ne dérogent pas à la tradition voulant que ce soit un laïc ou un ecclésiastique qui fonde un cercle de fermières, en Europe aussi bien qu'au Canada. Désireux de sauvegarder la langue et la foi, de soustraire les fermières franco-ontariennes à l'autorité de l'État, les dirigeants de l'UCFO, ceux de l'ACFEO et les autorités ecclésiastiques ont fait en sorte que la section féminine de l'UCFO se conforme aux principes du syndicalisme agricole catholique. Toutefois, en se fondant dans la section féminine de l'UCFO, les cercles de fermières n'avaient pas prévu qu'ils fonctionneraient dorénavant de la même manière qu'un syndicat professionnel jaloux de son autonomie et opposé à toute ingérence de l'État dans ses affaires. Il n'était donc plus question de s'adresser au ministère de l'Agriculture pour obtenir des cours. Il semble d'ailleurs que les cercles ont cessé de recourir aux services du ministère de l'Agriculture, car il n'est plus fait mention de cours d'arts ménagers donnés par des conférencières jusqu'à l'année 1945, laquelle marque le terme de la période que nous étudions.

Les autorités ecclésiastiques et civiles de l'Est ontarien s'employaient à soustraire les fermières franco-ontariennes à l'autorité du ministère de l'Agriculture de l'Ontario, et l'Est québécois, pour des raisons analogues, allait bientôt emboîter le pas.

Section féminine de l'UCC et Dames de l'UCC (Rimouski)

Au Québec, le projet de créer une section féminine à l'intérieur de l'Union catholique des cultivateurs (UCC) avait aussi été exprimé lors d'un congrès des cultivateurs tenu à Rimouski le 27 octobre 1932. Une résolution avait été présentée à cet effet :

> ATTENDU que le rôle de la femme est d'importance capitale dans l'économie rurale et que les arts domestiques sont une nécessité

économique et une sauvegarde pour les femmes et les filles de la campagne, il est proposé que demande soit faite au Bureau Central d'étudier la possibilité de former une section féminine au sein de l'U.C.C.[21].

Le Cercle de fermières de Rimouski, fondé en 1922, était soutenu par le ministère de l'Agriculture du Québec. Dans le diocèse de Rimouski, les démarches des membres des cercles de fermières visant la mise sur pied d'une organisation autonome semblable à celle de l'UCC ont abouti en 1940 à la formation du cercle des Dames de l'UCC. Anne-Marie Caron, a été, sur l'instigation de l'abbé Alphonse Belzile, aumônier de l'UCC de Rimouski, la fondatrice des Dames de l'UCC.

En 1976, dans un article publié à l'occasion du 10e anniversaire de fondation de l'Association féminine d'éducation et d'action sociale (AFEAS) de Rimouski, qui était à l'origine le cercle des Dames de l'UCC, Anne-Marie Caron fit l'historique du mouvement.

En 1933-1934, le journal *La Terre de chez nous* offrait dans ses pages des cours à domicile de coopération, de gestion de caisses populaires et de crédit agricole. L'abbé Belzile fit campagne pour que les femmes organisent des équipes d'études. Il engagea les institutrices à suivre ces cours, et Anne-Marie Caron ainsi que ses élèves les plus âgés se réunissaient à Rimouski tous les dimanches matin pour assister à ses cours.

Au cours de l'hiver, l'abbé Belzile prit part à quelques réunions des cercles de fermières de Rimouski. Il tenta de persuader les femmes de l'importance d'une association autonome. Il fallait pour cela que les femmes renoncent aux subventions du gouvernement et que les cercles comptent uniquement sur leurs propres moyens.

Après mûre réflexion, la plupart des femmes décidèrent de rester dans le Cercle de fermières. Un petit nombre d'entre elles partirent, celles qui craignaient d'indisposer les autorités religieuses qui avaient mal pris le refus des femmes de quitter le Cercle de fermières. Mariline S. Lafond, dans un article publié à l'occasion des 75 ans du Cercle de fermières de Rimouski, en 1997, rapporte que Mgr Courchesne, évêque de Rimouski, demanda en 1937 au Cercle de fermières de Rimouski de

> faire cession de ses biens et de se joindre à l'U.C.F. mais les membres refusent. Devant cet affront, l'évêque impose des sanctions. Le service de l'aumônier est retiré, l'annonce des assemblées au prône est supprimée, ainsi que le patronage des parties de cartes et de soirées récréatives[22].

Malgré le faible appui dont bénéficiait son projet auprès des femmes, l'abbé Belzile, avec le soutien de « NN.SS. les Évêques qui nous ont recommandé d'instituer la section féminine de l'U.C.C.[23] », organisa des journées d'étude dans tout le diocèse de Rimouski. Afin de compenser la perte des subventions du ministère de l'Agriculture, il encouragea les cercles à promouvoir l'artisanat et la vente des travaux qui en étaient le résultat.

En 1938, une dizaine de femmes provenant de tous les coins du diocèse allèrent, dans une ferme à Trois-Pistoles, étudier pendant quinze jours la doctrine sociale de l'Église, le mouvement coopératif ainsi que la formation d'associations professionnelles d'artisanat. Ces journées d'études ne donnèrent pas les résultats attendus. Au printemps de 1939, seulement quelques petits cercles et, donc, autant de syndicats coopératifs d'art paysan avaient été fondés.

Le 28 avril 1939, les dames de Rimouski qui avaient quitté le Cercle de fermières, formèrent un nouveau cercle. Elles choisirent le nom de « Dames de l'UCC ». En même temps elles créèrent un syndicat coopératif des arts paysans.

En 1940, sept cercles des Dames de l'UCC avaient été mis sur pied dans le diocèse de Rimouski et ils comptaient 364 membres. Chacun avait son syndicat coopératif, et 138 membres étaient sociétaires d'un syndicat d'art paysan.

Le 16 janvier 1940, lors d'une réunion à Rimouski, une dizaine de femmes créèrent officiellement les Dames de l'UCC, mouvement voué à la défense des intérêts des femmes de la campagne et des femmes de la ville issues du milieu rural. L'abbé Belzile ne suffisant plus à la tâche, Mgr Courchesne chargea l'abbé Léon Beaulieu de l'assister dans son travail.

L'organisme est appelé à se développer en comptant uniquement sur l'action de ses membres. Pour bénéficier des services d'ordre général, il s'affilie à l'UCC et forme une section féminine. L'UCC lui accorda un petit espace dans *La Terre de chez nous*, et des articles parurent régulièrement chaque semaine sous la rubrique « Dames de l'UCC ».

Le cercle des Dames de l'UCC a pour but de « parachever la culture féminine de telle sorte que la femme puisse, sans négliger son vrai rôle d'éducatrice et de maîtresse de maison, seconder son mari dans sa tâche et s'occuper avec facilité de la production d'objets d'art pour la maison et pour la vente. Il pourra mettre sur pied des syndicats d'achats et de ventes à cet effet[24]. » Mme Alphonse Rioux de Trois-Pistoles fut nommée présidente du comité chargé d'étudier la question de la fondation d'une union diocésaine et d'un syndicat régional. Anne-Marie Caron fut élue secrétaire des Dames de l'UCC ainsi que secrétaire gérante du syndicat des arts paysans.

Après les cours de coopération donnés aux fermières, les promoteurs avaient prévu de remplacer les subventions gouvernementales par des syndicats coopératifs. Les fermières de Rimouski avaient ainsi un avantage sur celles de l'Ontario, qui ont été laissées à elles-mêmes, sans aide, sans compensation pour les services du ministère de l'Agriculture auxquels elles avaient dû renoncer.

Mgr Courchesne ne fut pas long à donner son appui au nouveau mouvement. Le 25 janvier 1940, il publia une lettre circulaire dans laquelle il attribue à l'UCC le mérite d'avoir fondé les Dames de l'UCC :

> L'une des plus récentes décisions de l'U.C.C. diocésaine a consisté à mettre sur pied une section féminine de l'Association professionnelle sous le nom de Dames de l'U.C.C. L'idée a souvent été exprimée depuis la fondation de l'U.C.C. en 1924 [...] Les dames de l'U.C.C. n'en sont qu'à leurs débuts[25].

Plus tard, Anne-Marie Caron fut invitée à fonder un cercle à Valcourt dans le diocèse de Sherbrooke. En 1944, à la demande de Mgr Papineau, du diocèse de Joliette, les femmes rurales quittèrent les cercles de fermières pour fonder des cercles autonomes regroupés en une union diocésaine, l' « Union Catholique des Fermières ».

Les démarches des fermières de Rimouski en vue de mettre sur pied une association autonome prenaient de l'ampleur. Déjà quatre diocèses s'organisaient, les Dames de l'UCC à Rimouski et à Sherbrooke, la Fédération diocésaine des cercles de fermières à Joliette et l'Union catholique des femmes rurales dans le diocèse d'Ottawa. À l'occasion du congrès diocésain de l'UCC au Séminaire de Rimouski en juillet 1944, les femmes demandèrent à l'UCC centrale de hâter le travail devant mener à la fondation d'une association provinciale autonome pour tous les membres habitant la campagne.

La fondation des cercles des Dames de l'UCC de Rimouski entraîna une diminution du pouvoir des agronomes sur les fermières québécoises, car ces cercles avaient une base diocésaine et relevaient de l'évêque.

Ce mouvement tendant à une indépendance complète par rapport à l'État apparu en Ontario en 1937 lors de la fondation de la Section féminine de l'Union des cultivateurs franco-ontariens de Prescott et Russell, et ensuite, au Québec, en 1940 par les Dames de l'UCC de Rimouski. Il allait conduire à une suite d'affrontements entre le gouvernement et les autorités religieuses au Québec. La lutte en vue de déterminer de quelle autorité, civile ou ecclésiastique, allaient dépendre les associations de fermières, se poursuivit après la guerre. Nous verrons plus loin que les fermières ontariennes du diocèse d'Ottawa ont aussi fait les frais de ces disputes, et, entre 1940 et 1945, leur statut d'organisation féminine rurale a été très instable.

FÉDÉRATION DIOCÉSAINE DES CERCLES DE FERMIÈRES (OTTAWA)

Prise de conscience des autorités ecclésiastiques du Québec

Les autorités religieuses ont pris conscience de l'emprise que l'État exerçait sur les cercles de fermières au Québec à l'occasion des célébrations entourant, en 1942, le 25e anniversaire de fondation des cercles de fermières. Il y avait, à cette époque, plus de 600 cercles dispersés dans toute la province et, au total, plus de 30 000 membres.

Le Service de l'économie domestique du gouvernement du Québec, dont relevaient les cercles de fermières, jugea qu'il était temps de regrouper les cercles en fédérations agronomiques et de les regrouper dans une association provinciale. À l'automne, le Service d'économie domestique convoqua des représentantes des différentes régions où des cercles existaient, afin de jeter les bases d'une association provinciale.

L'assemblée des représentantes des cercles de fermières tenue à Québec adopta deux résolutions : premièrement, toutes les fédérations régionales devaient s'établir sur la base de districts agronomiques. Toutefois, trois fédérations diocésaines de cercles de fermières avaient été fondées par les évêques de Mont-Laurier, de Nicolet et de Joliette. Les autres fédérations avaient été mises sur pied en fonction des districts agronomiques. Deuxièmement, à la demande des représentantes de Joliette et de Nicolet, on accepta de reconnaître les fédérations diocésaines déjà organisées, mais il fut décidé que désormais les fédérations devraient tenir compte des cadres du district agronomique.

À cette même assemblée, il fut proposé et adopté qu'un journal publié par l'État serait l'organe de l'association nouvelle et serait envoyé gratis à tous les membres en règle[26].

Informé de ces résolutions, le Père L. LeBel, aumônier de l'UCC, adressa un mémoire aux évêques du Québec dans lequel il attribuait aux agronomes régionaux et à Oscar Bériau, directeur du Service de l'économie domestique, les décisions qui avaient été prises et il s'inquiétait des conséquences :

> Il semble bien que ce projet de fédérations agronomiques avec un journal gratuit publié par le ministère de l'Agriculture a pour but de tenir les Cercles de Fermières sous la tutelle des fonctionnaires et de l'État[27].

De plus, le Père LeBel croyait qu'après vingt-cinq ans d'existence les cercles de fermières qui avaient été « organisés, développés, aidés et dirigés par les fonctionnaires de l'État », devaient avoir acquis suffisamment de maturité pour être capables de « mener leurs affaires » eux-mêmes. L'État devait abandonner aux fermières le soin de diriger leur organisme. Le rôle de l'État devait se limiter à aider, à encourager, non à contrôler et à diriger. Selon le Père Lebel, le retrait de l'État s'imposait, car les statuts de la nouvelle association provinciale indiquent qu'elle est appelée à jouer le rôle « d'association professionnelle des fermières[28] ».

Or, soulignait le Père LeBel, une association professionnelle devait être autonome et n'être dirigée ni contrôlée par l'Administration. Elle devait aussi assumer la direction complète du journal considéré comme l'organe officiel des cercles de fermières. La fédération selon le cadre diocésain lui semblait devoir s'imposer pour plusieurs raisons.

D'abord, les cercles de fermières peuvent influencer la mentalité des mères de famille dans un diocèse. L'évêque juge avoir un droit de regard sur ces cercles et il exerce ce droit par l'intermédiaire des aumôniers des cercles paroissiaux et de l'aumônier diocésain. Comme les limites des districts agronomiques ne coïncident pas avec celles des diocèses, comment pourra-t-il nommer un aumônier sans empiéter sur les diocèses voisins qui font partie du même district agronomique ? Il conclut : « Ne serait-il pas plus simple et plus naturel que la fédération soit diocésaine et que chaque évêque puisse exercer un contrôle spirituel sur toutes les femmes de son diocèse[29]? »

En second lieu, le Père LeBel rappellait que l'UCC avait déjà opté pour une fédération diocésaine. Il serait plus indiqué que l'association professionnelle des fermières adopte le même cadre. Il ajoutait :

> Autrement l'évêque pourra exercer juridiction sur l'association professionnelle des hommes, mais il y aura danger que ce soit l'agronome régional qui garde juridiction sur l'association des femmes[30].

Il conclut son mémoire en disant qu'il « est encore temps d'agir et rien ne semble définitivement compromis ». Il suggérait aux évêques d'attacher un aumônier diocésain aux cercles de fermières dans chacun des diocèses. Ces aumôniers diocésains, en liaison avec les aumôniers paroissiaux, auraient pour tâches de renseigner les fermières dans chaque cercle et de les amener à se regrouper en unions diocésaines. Par la suite, les unions diocésaines se grouperaient dans une union provinciale et se donneraient une constitution garantissant leur autonomie. « Ce serait là un fait accompli, devant lequel M. Bériau et les agronomes seraient forcés de s'incliner[31]. »

Ainsi que l'avait recommandé le Père LeBel, Mgr Vachon, nomma, en octobre 1940, un aumônier diocésain des cercles de fermières de la partie québécoise de son diocèse et de la section féminine de l'UCCFO.

L'abbé Ernest Préseault, le nouvel aumônier, n'en était pas à ses premières armes. Il cumulait plusieurs fonctions d'aumônier dans le diocèse d'Ottawa : aumônier diocésain de l'UCC, partie québécoise, aumônier diocésain des cercles de fermières, partie québécoise, aumônier diocésain de la section féminine de l'UCFO et, enfin, aumônier diocésain de la Jeunesse agricole catholique (JAC) et de la Jeunesse agricole catholique féminine (JACF).

Dans une lettre en date du 12 mai 1941, l'archevêque indiqua à l'abbé Préseault quelles étaient ses intentions concernant l'établissement d'une Fédération diocésaine des cercles de fermières :

> Dès votre nomination, je vous ai dit que je voulais grouper tous les Cercles de Fermières en une Fédération diocésaine et je pense que le temps est venu de procéder officiellement à cette organisation. Cette Fédération de tous les Cercles de Fermières de notre diocèse, partie québécoise, doit être sous la direction et la surveillance de l'aumônier diocésain des Cercles.
>
> Messieurs les Agronomes seront invités à collaborer à titre d'aviseurs techniques.
>
> Vous voudrez bien organiser cette Fédération Diocésaine selon la « constitution » ci-incluse[32].

Fondation de la fédération diocésaine des cercles de fermières, diocèse d'Ottawa, partie québécoise

Sitôt dit, sitôt fait. La Fédération diocésaine des cercles de fermières du diocèse d'Ottawa, partie québécoise, fut fondée le 15 mai 1941, lors d'une réunion spéciale des dirigeantes des cercles de fermières, convoquée par l'abbé Préseault. Les présidentes et les secrétaires des quatorze cercles paroissiaux déjà existants avaient été convoquées à Saint-André-Avellin. Les cultivateurs y tenaient, pour leur part, une journée agricole en l'honneur de la fête de Saint-Isidore, patron de l'UCC. Mme Joseph Closson de Chenéville fut élue présidente de la Fédération diocésaine des cercles de fermières.

Les buts de la nouvelle Fédération étaient les suivants :

> [P]réparer un programme d'activités des arts domestiques, d'études religieuses et de morale sociale et familiale afin de promouvoir l'union de toutes les femmes et filles rurales, en vue de l'amélioration des conditions sociales et économiques du foyer rural, par l'éducation et la formation de la femme et de la jeune fille à son rôle d'épouse, de mère et de maîtresse de maison.

Les cercles prenaient pour patronne celle des Dames de l'UCC, « Notre-Dame-des-Champs ». La devise choisie : *Pour la terre et le foyer*. La chanson officielle de la Fédération d'Ottawa était « La Fermière », une composition de l'abbé Préseault. Le bulletin mensuel *Le Foyer rural chrétien*, rédigé par l'abbé Préseault, fournissait un programme d'études et d'action conforme aux buts des cercles de fermières de la Fédération diocésaine.

Le *Manuel-guide des cercles de fermières*, publié par le ministère de l'Agriculture, indiquait : « La Direction officielle des Cercles de Fermières relève du Service de l'Économie Domestique, Ministère de l'Agriculture, Québec. » En vertu de la nouvelle constitution, la direction de la Fédération diocésaine était confiée à un grand conseil fédéral, un bureau de direction composé des présidentes et des secrétaires des cercles paroissiaux, dirigées elles-mêmes par l'aumônier diocésain, représentant de l'archevêque.

La constitution de la Fédération diocésaine des cercles de fermières diffère des constitutions des cercles de fermières dépendant du ministère de l'Agriculture du Québec en ceci qu'elle ne prévoit aucune place pour un agronome régional. L'archevêque d'Ottawa, par l'intermédiaire de l'aumônier diocésain, prenait la direction des cercles de fermières du diocèse d'Ottawa. L'agronome demeurait conseiller technique. Toutefois, selon la constitution, même si on écartait le ministère de l'Agriculture de la direction des cercles, la Fédération diocésaine d'Ottawa, partie québécoise, continuait à demander à ce dernier « des octrois, privilèges et série de cours ».

Le 16 septembre 1941, le premier congrès de la Fédération diocésaine des cercles de fermières s'ouvrit à Papineauville en même temps que le 4e congrès diocésain de l'Union catholique des cultivateurs. Trois cents femmes s'assemblèrent dans l'église, faute de local assez grand pour recevoir un si grand nombre de personnes. Le premier numéro du bulletin mensuel *Le Foyer rural chrétien*, organe officiel de la Fédération diocésaine, fut distribué.

Mme Joseph Closson, présidente de la Fédération diocésaine des cercles de fermières, partie québécoise, et Mme Hector Langevin, présidente de la section féminine de l'UCCFO, prononcèrent un discours d'ouverture.

Parmi les invités figurait le Père L. LeBel, aumônier de l'UCC, J. W. Delaney, agronome de la région n° 15 pour les comtés de Papineau, de Gatineau, de Hull et de Pontiac, ainsi que Thomas Rollin, agronome du district de Papineau[33].

Avec la fondation de la Fédération diocésaine, il y avait, en décembre 1941, 37 sept cercles de fermières relevant de l'archevêque d'Ottawa et plus de mille membres. Les 15 cercles de la Fédération diocésaine des cercles de fermières, partie québécoise, comptaient 516 membres au total. Les 22 cercles d'arts ménagers de la section féminine de l'UCCFO comptaient 536 membres[34].

Cercles des dames fermières

Le 10 mars 1943, l'abbé Préseault envoya une lettre à Mme Joseph Closson, présidente de la Fédération des cercles de dames fermières, dans laquelle il l'informait qu'il arrivait de Montpellier et qu'il avait fondé un nouveau cercle de « Dames fermières ». La lettre est signée « Ernest Préseault, aumônier diocésain des Cercles de Dames Fermières » et comporte un post-scriptum : « Vous remarquerez que j'écris cercles de dames fermières. Il serait préférable désormais de nommer ainsi nos cercles "Cercles des Dames Fermières"[35] ».

Il est impossible de savoir si le ministère de l'Agriculture a fait pression sur la nouvelle fédération pour qu'elle change de nom. Mais il y eut sans doute de la confusion dans l'esprit des fermières au reçu d'une lettre de l'un ou l'autre cercle. Le papier à lettres des cercles agronomiques portait comme en-tête : « Fédération des Cercles de Fermières », et celle des cercles de la Fédération diocésaine « Fédération diocésaine des Cercles de Fermières ». Cette lettre de l'abbé Préseault est, d'après nos recherches, le dernier document où il est fait mention de la « Fédération diocésaine des Cercles de Fermières ». Par la suite, c'est la dénomination « Fédération des Cercles des Dames Fermières » qui est employée.

Le 30 mai 1943, le bureau de direction de la Fédération diocésaine des cercles de dames fermières convoque ses membres à la réunion annuelle à Angers. Seulement neuf cercles sur dix-neuf étaient représentés[36]. Après la réunion, en plus du rapport de la secrétaire concernant les résolutions adoptées au cours de la réunion, l'aumônier fait parvenir aux cercles de la Fédération diocésaine une plaidoirie de trois pages rappelant aux membres la nécessité de préserver leur liberté et leur indépendance en politique pour parer à ce que l'avenir ne manquera pas d'apporter :

> [V]ous serez appelées à prendre position entre votre liberté d'organisation ou les appâts de l'argent, entre l'organisation dirigée par l'État et celle dirigée par vous-mêmes sous la protection de l'Église, entre votre Fédération et une Fédération agronomique[37].

Fédération agronomique des cercles de fermières, district n° 15

De fait, un mois plus tard, les membres de la Fédération diocésaine des dames fermières ont eu à choisir entre une organisation « dirigée » par l'État et une organisation sous la « protection » de l'Église.

Nous verrons que l'agronome du district régional n° 15 et les fonctionnaires de l'État n'entendaient aucunement s'incliner devant un fait accompli, comme l'avait souhaité le Père LeBel dans son mémoire remis aux évêques du Québec. Contrairement à ce que prévoyait ce dernier, ils n'ont pas baissé les bras en face du « fait accompli » de la création de fédérations diocésaines de cercles de fermières. Le 23 juin 1943, l'agronome du district agronomique n° 15, J. W. Delaney, convoquait à Hull les membres des cercles de Fermières des régions de Gatineau, de Pontiac et de Papineau en vue de mettre sur pied la Fédération agronomique des cercles de fermières.

Mlle A. M. Vaillancourt, directrice générale et organisatrice officielle des cercles de fermières, et Oscar Bériau, chef du Service de l'économie domestique, étaient présents. L'agronome Delaney justifia l'établissement d'une fédération agronomique des cercles de fermières et, surtout, fit ressortir les avantages qu'elle pouvait comporter. En 1943, il y avait 21 districts agronomiques dans la province de Québec. Seul le district n° 15 était dépourvu de fédération. Les déléguées des 25 cercles représentés approuvèrent à l'unanimité la formation d'une telle fédération.

La Fédération diocésaine des dames fermières du diocèse d'Ottawa perdait sept cercles du comté de Papineau (Notre-Dame-de-la-Salette, Val-des-Bois, Saint-Émile-de-Suffolk, Plaisance, Montpellier, Buckingham et Perkins) et un cercle du comté de Gatineau (Aylmer). La moitié des cercles de la Fédération diocésaine s'étaient prononcés en faveur d'une fédération agronomique.

À la suite de cette décision des fermières, l'archevêque d'Ottawa s'abstint d'imposer des sanctions aux cercles dissidents. À la suggestion de son aumônier diocésain, l'abbé Préseault, il songea à proposer une autre formule. Comme le gouvernement lui interdisait de se servir de l'appellation de cercles de fermières pour les nouveaux cercles placés sous son autorité, il en proposa une autre pour tous les cercles de fermières de son diocèse, partie québécoise et partie ontarienne.

À cette époque, il y avait 22 cercles d'arts ménagers au sein de la section féminine de l'UCCFO ; ils comptaient 638 membres et se développaient dans la partie ontarienne du diocèse d'Ottawa.

Normalement, les disputes entre les agronomes et les évêques du Québec n'auraient pas dû les toucher. Nous verrons qu'ils en ont quand même subi les contrecoups.

Répercussions du conflit entre les évêques et les agronomes sur les cercles d'arts ménagers de la section féminine de l'UCCFO

Quoique très occupé à organiser la Fédération diocésaine des cercles de fermières, partie québécoise du diocèse d'Ottawa, l'abbé Préseault ne négligeait pas les fermières de la partie ontarienne. Depuis son arrivée, l'aumônier de la section féminine de l'UCCFO avait présidé à la fondation de neuf nouveaux cercles en 1941-1942.

Il travaillait à mettre sur pied des « coopératives d'étude » dans lesquelles « les membres soucieux de leur perfectionnement intellectuel, moral et social, se [livreraient] sérieusement à des études nécessaires et pratiques[38] ».

L'aumônier diocésain des cercles d'arts ménagers — c'est ainsi qu'il signe l'article dans *Le Droit* du 26 février 1941 — voit dans les coopératives d'étude un moyen pour les femmes d'apprendre à mieux aimer leur foyer et la terre et de communiquer cet amour aux garçons et aux filles afin d'enrayer l'exode rural dont, en grande partie, elles-mêmes ont été la cause dans le passé. Il encouragea les fermières à organiser « au plus tôt et partout, entre vous, par vous et pour vous » des coopératives d'artisanat ou, tout au moins, des coopératives d'étude.

Fondation de la Fédération diocésaine des cercles de fermières, diocèse d'Ottawa, partie ontarienne

Le 11 juillet 1941, la présidente de la section féminine de l'UCFO envoie un communiqué aux membres des cercles d'arts ménagers de la section féminine de l'UCCFO dans lequel elle indique que

> pour répondre au désir de Mgr l'Archevêque, nos cercles d'Arts Ménagers porteront désormais le nom de « Cercles de fermières ». La décision a été prise lors d'une réunion du Comité exécutif de la Fédération diocésaine des Cercles d'Arts Ménagers, Section féminine de l'U.C.C.F.O., tenu à Rockland le 11 juillet dernier[39].
>
> Madame Hector Langevin signe : présidente de la Fédération diocésaine des Cercles de Fermières de l'Ontario.

Il y avait donc maintenant une Fédération diocésaine des cercles de fermières, partie québécoise, et une Fédération diocésaine des cercles de fermières, partie ontarienne, dans le diocèse d'Ottawa. Les deux parties relèvent de l'autorité de l'aumônier directeur, l'abbé Préseault, représentant de Mgr Vachon, archevêque d'Ottawa.

Il semble que l'idée ait été plus ou moins acceptée, car Mme Hector Langevin a continué à se désigner dans ses nombreux articles dans *Le Droit* comme la présidente de la section féminine de l'UCCFO, sans faire aucune mention de la Fédération diocésaine des cercles de fermières. À l'occasion du Nouvel An, l'aumônier adresse ses vœux de circonstance à « vous toutes Mesdames et Mesdemoiselles membres de la Section Féminine de l'U.C.C.F.O. et de la Fédération diocésaine des Fermières de la partie québécoise[40] ».

Quant à la réaction des cercles en Ontario, nous avons trouvé une seule lettre laissant croire qu'il y ait eu opposition au changement de nom. En septembre 1941, la présidente du cercle d'Embrun demande une entrevue à l'archevêque afin de parler du cercle de fermières de la paroisse : « Notre bon M. le curé Forget nous a demandé d'aller exposer notre cause à Monseigneur, c'est un conseil que nous désirons[41]. »

La constitution de la Fédération diocésaine des cercles de fermières, partie ontarienne, est identique à celle de la partie québécoise à ceci près que l'article concernant la demande de subventions et de services au gouvernement a été supprimée de la constitution de la partie ontarienne.

Il convient de signaler ici qu'en juillet 1941 l'Union des cultivateurs franco-ontariens (UCFO) a ajouté le mot « catholique » à son nom, devenant ainsi l'Union catholique des cultivateurs franco-ontariens (UCCFO). Lors du congrès de l'UCCFO à Bourget, le 15 octobre 1941, l'aumônier Émile Méthot avait souligné que l'UCCFO n'avait pas seulement comme but de défendre des intérêts matériels et d'augmenter les revenus même au profit des autres. « L'Union des cultivateurs franco-ontariens est une union de formation agricole sociale et chrétienne visant à fournir de braves cultivateurs, de bons citoyens et des chrétiens convaincus[42]. » Est-ce par solidarité avec l'Union catholique des cultivateurs du Québec, à qui ils sont affiliés ? Ou est-ce que les cultivateurs sentaient aussi le besoin de s'affirmer comme groupe catholique face à l'État ?

Le congrès tenu à Bourget fut le premier et l'unique congrès de la nouvelle Fédération diocésaine des cercles de fermières, partie ontarienne. L'abbé Préseault, qui était hospitalisé, ne prit pas part au congrès. Vingt-deux cercles de la partie ontarienne étaient représentés. La présidente de la partie québécoise de la Fédération diocésaine des cercles de fermières, Mme Joseph Closson, était au nombre des invités.

Nous avons vu que, dans la partie québécoise du diocèse d'Ottawa, la Fédération diocésaine des cercles de fermières avait dû changer son nom. Au début de 1943, il semble que le problème était résolu. Quand il est question de la partie ontarienne, on revient au nom de section féminine de l'UCCFO et, pour la partie québécoise, à celui de Fédération diocésaine des dames fermières. On lit ce qui suit dans *Le Droit* du 2 juin 1943 :

> Le Foyer Rural Chrétien est un bulletin d'étude et d'action publié par la Fédération des Cercles des Dames Fermières du diocèse d'Ottawa et destiné à tous les membres des Cercles de Fermières ainsi qu'aux membres des Cercles d'Arts Ménagers, section de l'Ontario, aux Dames de l'U.C.C. et aux membres des cercles Jeanne LeBer.

C'est à y perdre son latin, d'autant que tous ces organismes ont les mêmes buts : améliorer la condition des femmes francophones en revalorisant les arts ménagers et rendre de la sorte la vie au foyer plus attrayante et plus rémunératrice.

Il y avait aussi de l'animosité entre les différents groupes, surtout dans la partie québécoise du diocèse où plusieurs cercles avaient abandonné la Fédération diocésaine pour se joindre à la Fédération agronomique. Dans une lettre en date du 10 mai 1943, l'abbé Préseault demanda à la secrétaire d'un cercle de fermières de la partie québécoise d'expliquer pourquoi elle avait retourné douze numéros du *Foyer rural chrétien*, avant la fin des abonnements en juin. Cette question avait de l'importance pour lui parce que *Le Foyer rural chrétien* était le bulletin officiel des cercles des dames fermières dans le diocèse d'Ottawa et qu'il était approuvé par l'archevêque.

La réponse ne se fit pas attendre. Le 13 mai, la secrétaire lui écrivit :

> Pour les bulletins du Foyer Rural Chrétien j'ai avisé les fermières qui étaient abonnées que leur abonnement finissait, s'il le renouvelait. Quelques unes vont le renouveler, d'autres n'ont pas le temps de le lire. Je leur ai dit encore hier. Tant qu'à moi je ne le renouvelle pas parce que vous avez été trop aimable pour la secrétaire du cercle quand vous êtes venu à St-Émile à votre assemblée de l'U.C.C. et si vous aviez voulu voir les fermières c'était de nous convoquer seules pas avec l'U.C.C. et je puis vous dire que ce n'est pas avec des crises de nerfs et des coups de poings sur la table comme vous avez fait que vous allez nous avoir.
>
> Voilà la raison du retour des bulletins[43].

S'adressant aux membres du comité exécutif de la section féminine de l'UCCFO au cours d'une réunion à Plantagenet, le 31 mai 1943, l'abbé Préseault déclarait :

> S'il y a beaucoup de fait pour développer le sens social parmi nos membres, il y a cependant encore beaucoup à accomplir. Il est très regrettable que tout ne marche pas à la perfection à cause d'une certaine jalousie, à cause d'un mauvais esprit de critique, à cause d'un manque d'esprit de coopération. Espérons qu'avec le temps, tout viendra à s'améliorer pour le plus grand bien de tous nos cercles, et dans le meilleur intérêt de chacune de nos membres[44].

Il ajouta que, si les femmes et les jeunes filles des paroisses rurales parvenaient à s'entendre « comme de véritables sœurs », elles pourraient réaliser de belles et grandes choses.

Union catholique des femmes rurales, diocèse d'Ottawa

Désireux de remédier à ce manque de coopération et de faire cesser les critiques injustifiées, l'abbé Préseault conçut un projet ayant pour but de favoriser la bonne entente entre les membres. Le 14 septembre 1943, dans un mémoire adressé à Mgr Vachon, il propose, après avoir consulté les comités exécutifs des deux fédérations diocésaines, que les parties ontarienne et québécoise s'unissent pour former une seule association professionnelle qui s'appellerait l'« Union catholique des femmes rurales » (UCFR)[45].

Le 26 octobre 1943, Mgr Vachon répond à l'abbé Préseault que, étant donné que le but poursuivi dans les deux parties du diocèse est le même, il serait souhaitable de regrouper les femmes rurales dans une même association. Il conclut :

> [D]orénavant on voudra bien grouper tous les Cercles de Fermières de tout le diocèse dans une fédération diocésaine désignée sous le nom de l'Union catholique des Femmes Rurales[46].

La lettre, publiée dans la page « La vie agricole » du *Droit* du 17 novembre 1943, s'adressait à tous les membres de la nouvelle union. Dans cette même page, on annonçait qu'un nouveau cercle de l'Union catholique des femmes rurales avait été fondé le 27 octobre 1943, à Sainte-Anne-de-Prescott.

Le Droit du 15 mars 1944 publiait un certain nombre d'articles de la nouvelle constitution. La devise devient : *Aime Dieu, la terre et ton foyer*, et la patronne demeure la même : Notre-Dame des Champs. Le but est le même que celui de la Fédération diocésaine des cercles de fermières, quoique formulé d'une autre façon :

> Article 4 : L'Union a pour but de grouper toutes les femmes et filles rurales en vue de l'amélioration des conditions sociales, économiques du foyer rural par l'éducation et la formation de la femme et de la jeune fille à son rôle d'épouse, de mère et de maîtresse de maison.

Les femmes et les jeunes filles des paroisses rurales, du village et de la campagne peuvent faire partie de la nouvelle union.

Cette fois, l'archevêque voulait asseoir son autorité et il exigea qu'elle fût reconnue dans la personne de son représentant, l'aumônier :

> Article 12 : L'aumônier diocésain est nommé par l'autorité ecclésiastique. Il siège au comité exécutif et le Conseil diocésain. Il devra recevoir les égards dus à ses fonctions[47].

De plus, il avait trouvé un autre nom pour la Fédération diocésaine des cercles de fermières, que l'on confondait aisément avec la Fédération agronomique des cercles de fermières.

L'idée de changer le nom fit non sans peine son chemin dans la partie québécoise du diocèse d'Ottawa. Nous donnons un extrait d'une lettre adressée le 29 novembre 1943 à la présidente du cercle des « Femmes Rurales » de Boileau (Québec) par l'aumônier qui montre la réaction de ce dernier face à la confusion créée par tous ces changements de nom :

> Au sujet des cercles de fermières, la question vient d'être tranchée par son Excellence Mgr l'archevêque, dans une lettre parue dans *Le Droit* et dans *Le Foyer Rural Chrétien* du mois de décembre.
>
> Il ne s'agit plus de cercles de fermières dirigés et contrôlés par le gouvernement que nous avons à nous occupé [*sic*] mais bien de cercles des « Femmes Rurales » que formeront l'Union Catholique des Femmes Rurales. Ces cercles paroissiaux que Mgr désire voir s'organiser dans les paroisses rurales de tout le diocèse d'Ottawa, ne seront ni plus ni moins que la section féminine de l'U.C.C. organisée tout comme l'U.C.C. d'après les principes de l'Association professionnelle.
>
> Dans les visites que je suis à faire présentement, je donne des explications à ce sujet et partout l'on devra accepter [...] et de fait on l'accepte [...] ces récentes décisions de Mgr [...].
>
> Ernest Préseault,
> aumônier diocésain de L'Union Catholique des Femmes Rurales[48].

Aucun document émanant d'un fonctionnaire ne témoigne d'une telle volonté d'accaparer le pouvoir. Mais les fermières n'ont pas d'autre choix que de déférer à la décision de l'archevêque. Contrairement à la partie québécoise, nous n'avons pas trouvé de document montrant une quelconque réticence de la part des cercles de l'Ontario. Il semble plutôt que ces derniers ont tout simplement décidé de ne pas utiliser le nouveau nom.

Néanmoins, en fondant l'Union catholique des femmes rurales, l'archevêque d'Ottawa avait atteint son but. Il « libérait » les fermières de la partie québécoise de son diocèse de l'emprise des fonctionnaires, ainsi que l'avait fait l'UCFO en 1937 en créant la section féminine de l'UCFO, approuvée aussitôt par Mgr Forbes, archevêque d'Ottawa à l'époque.

Union catholique des fermières de la province de Québec

Pendant que l'archevêque d'Ottawa tentait d'amener les femmes rurales de son diocèse à reconnaître son autorité, les évêques du Québec n'avaient pas abandonné le projet de soustraire les fermières à l'autorité de l'État.

En 1943, la plupart des cercles de fermières du diocèse de Joliette, relevant du ministère de l'Agriculture du Québec, avaient été regroupés dans l'Union catholique des fermières. En 1944, les Dames de l'UCC de Rimouski et des femmes de cultivateurs des diocèses de Sherbrooke, de

Chicoutimi et de Nicolet, demandèrent à l'UCC de les aider à mettre sur pied une association provinciale et catholique de fermières[49] semblable à celle qui existait déjà en Ontario.

L'abbé Préseault est invité à prendre part à une réunion des aumôniers diocésains de l'UCC, le 8 septembre à Montréal. La réunion a pour objet d'étudier la possibilité de créer une association provinciale de femmes de cultivateurs à l'occasion du 20e anniversaire de fondation de l'UCC[50]. On engage les aumôniers à demander à leur évêque, avant la réunion, de les guider de leurs conseils.

À la réunion du 8 septembre, les aumôniers sont invités à exprimer leurs vues sur l'éventuelle création d'une association de femmes rurales. Selon le rapport du président de l'UCC, Abel Marion, l'abbé Préseault déclara devant les aumôniers présents :

> Il existe une Fédération diocésaine des Cercles de Fermières depuis 1940 dans le diocèse. En 1943, on lui a donné le nom d'Union Catholique des femmes rurales. Son Excellence Mgr Alexandre Vachon veut pour les femmes de cultivateurs une association libre, autonome et indépendante de l'État. Pas d'objection à ce que les femmes du village fassent partie de l'association, mais à la condition que les femmes de cultivateurs gardent la direction du mouvement[51].

Tous les aumôniers des différents diocèses s'accordaient avec leur évêque pour dire qu'il était nécessaire qu'il y ait une association autonome pour les femmes rurales au Québec. L'UCC décida de convoquer les présidentes des cercles à une réunion à Montréal le 5 octobre 1944, afin de mettre sur pied un comité provisoire chargé d'organiser le congrès de fondation les 18 et 19 octobre, à Québec.

De retour à Ottawa, l'abbé Préseault demanda au comité exécutif de l'Union catholique des femmes rurales de se réunir le 14 septembre, arguant qu'il allait « falloir se grouiller ». L'UCC tenait à ce qu'une demande officielle d'affiliation des cercles soit présentée au congrès à Québec.

Le 14 septembre, à l'occasion de la réunion du comité exécutif, l'Union catholique des femmes rurales du diocèse d'Ottawa demandait au secrétaire général de l'UCC « son aide et son appui pour jeter les bases d'une association provinciale féminine qui serait reconnue officiellement comme section féminine de l'UCC[52] ».

Assurées de pouvoir compter sur l'appui de l'UCC, les femmes rurales du Québec tinrent un congrès de fondation d'une association féminine, le 19 octobre 1944, lequel congrès coïncidait avec le 20e congrès annuel de l'UCC. Elles adoptèrent, pour la nouvelle association, le nom d' « Union Catholique des Fermières » (UCF), lequel avait été déjà retenu dans le diocèse de Joliette.

Les déléguées approuvèrent les statuts de la nouvelle association. L'UCF se décrit comme une association professionnelle de femmes de cultivateurs et elle est organisée d'après les principes du syndicalisme agricole. Elle constitue la section féminine de l'UCC. La devise : *Pour la terre et la famille* ; la patronne : Notre-Dame-des-Champs. Les buts poursuivis sont les suivants : progrès moral, social et économique des femmes de la campagne, étude des questions agricoles, défense des intérêts professionnels, coopération avec l'UCC. Peuvent devenir membres les femmes et les filles de la campagne[53].

Dans un mémoire en date du 10 juillet 1945, le Père LeBel explique pourquoi les femmes des villages n'ont pas été exclues. À l'époque de la fondation de l'UCF, il existait déjà 850 cercles de fermières au Québec. L'exclusion des femmes des villages aurait donné au service des arts domestiques du ministère de l'Agriculture d'excellentes raisons de continuer à créer de nouveaux cercles dans les villages. Selon le Père LeBel, il en résulterait que, dans chaque paroisse, à côté du cercle professionnel des fermières, il y aurait un « cercle laïque de villageoises qui fonctionnerait sans aumônier et contre les directives de l'Église et de l'Épiscopat[54] ». Cela irait à l'encontre des désirs de l'épiscopat qui voulait soustraire les femmes des campagnes et des villages à l'emprise des fonctionnaires.

Union catholique des fermières de l'Ontario

Une fois encore, la partie ontarienne déférera aux décisions de l'épiscopat québécois. Le 21 février 1945, l'abbé Préseault fait part dans *Le Droit* de ce qui suit aux cercles :

> L'Union Catholique des Fermières (U.C.F.) tel sera désormais le nom officiel de la section féminine de l'U.C.C.F.O. déjà organisée dans le diocèse d'Ottawa depuis l'année 1937.
>
> Nous publierons sous peu dans cette page de « La Vie agricole », les nouveaux « Statuts généraux de l'U.C.F. » avec les adaptations voulues pour notre section de l'Ontario.

En juin 1945, la présidente, Mme M. G. Senécal, convoque les membres au premier congrès de l'Union catholique des fermières qui aura lieu à Wendover le 26 juin. Ce congrès est en réalité le troisième « premier congrès » depuis la fondation en 1937. Le premier congrès de la section féminine de l'UCFO (cercles d'arts ménagers) eut lieu en 1938, le premier congrès de la Fédération diocésaine des cercles de fermières se tint en 1941, et celui de l'Union catholique des fermières de la province d'Ontario en 1945. La seule différence est que, cette fois, les fermières ont elles-mêmes fixé la date et le lieu du congrès. Jusqu'alors, les congrès annuels se tenaient le même jour et dans le même bâtiment que celui de l'UCCFO.

Le communiqué inséré dans le *Le Droit* témoigne d'un changement important, car dorénavant « la présidente générale et les deux vice-présidentes seront élues par les déléguées au Congrès général et devront être choisies parmi les femmes de cultivateurs ». Deux cents femmes venant des douze cercles actifs ont répondu à l'invitation de la présidente générale. La nouvelle constitution fut acceptée telle qu'elle avait été lue par l'abbé Préseault. Mme Félix Quenneville de Saint-Isidore-de-Prescott fut élue présidente générale.

La partie québécoise de l'Union catholique des fermières tint son congrès à Hull, le 18 septembre 1945. Le journaliste Henri Lessard affirme dans un article intitulé « À propos de l'U.C.F. », paru dans *Le Droit* le 17 septembre 1945, que l'UCF est une association qui répond à un vif désir de l'épiscopat québécois. Bien que l'UCF soit dirigée par les évêques, il considère qu'elle est libre et autonome, ne relevant ni ne dépendant du gouvernement.

D'autre part, si l'on tient compte des effectifs de l'Union catholique des fermières lors des deux premiers congrès des parties ontarienne et québécoise, il est peu probable que l'Union catholique des fermières répondait réellement aux désirs des femmes rurales. Après huit ans d'existence, la partie ontarienne de l'UCF changeait d'appellation pour la troisième fois et ses effectifs étaient réduits de moitié. Seulement 12 des 25 cercles étaient actifs en 1944-1945. La secrétaire générale, Mme Jean-Charles Leduc, fournit quelques précisions dans son rapport sur les activités de la partie ontarienne paru dans *Le Droit* du 18 juillet 1945 :

> Notre Union diocésaine compte douze cercles actifs avec un effectif total de 403 membres : Wendover, Ste-Anne-de-Prescott, Plantagenet, Embrun, St-Isidore-de-Prescott, Clarence Creek, Lefaivre, Sarsfield, Bourget, Chute-à-Blondeau, Fournier et St-Pascal-Baylon.
>
> Treize cercles n'ont pas été actifs : Alfred, Casselman, Curran, Hammond, Limoges, Marionville, Orléans, Rockland-village, Rockland-est, St-Bernardin, St-Eugène, Treadwell et Vars.

La partie québécoise de l'UCF reprenait ses activités avec seulement quatre cercles, à savoir ceux de Luskville, Fassett, Sainte-Cécile-de-Masham et Boileau[55]. Ce n'était pas suffisant. « C'est encore trop peu », rapporte Henri Lessard dans son article.

En assumant la direction de la section féminine, l'UCFO, l'ACFEO et les autorités religieuses ne semblent pas avoir vu qu'ils enlevaient aux femmes toute possibilité de formation et d'éducation, car ils n'offraient rien qui ait pu compenser la perte des services du ministère de l'Agriculture de l'Ontario. Il faut noter que les fermières désiraient vivement avoir des cours d'arts ménagers. Grâce à ces cours, on était parvenu, pour la première fois, à regrouper les femmes en une association rurale féminine comptant près de mille membres en 1942.

Les fermières qui voulaient s'instruire en français dans l'esprit de la religion catholique devaient partager leurs connaissances et leurs expériences dans les réunions mensuelles. Au congrès de fondation, Mme Oscar Labelle avait mentionné que ce partage était le deuxième objectif de la section féminine.

Notes

1. *Le Droit*, 13 octobre 1943, p. 9.
2. *Le Droit*, 26 avril 1935, p. 1.
3. *Le Droit*, 21 novembre 1936, p. 15.
4. Fonds d'archives UCFO, C67/B2a/19, CRCCF, Université d'Ottawa.
5. Fonds d'archives UCFO, C67/2/13, CRCCF, Université d'Ottawa.
6. *La Feuille d'érable*, 6 février 1936.
7. *Le Droit*, 6 avril 1936, p. 3.
8. *Idem.*
9. *Le Droit*, 26 avril 1935, p. 1.
10. *Le Droit*, 24 septembre 1936, p. 10.
11. *Le Droit*, 19 décembre 1936, p. 15.
12. *Idem.*
13. *Idem.*
14. *Le Droit*, 27 janvier 1937.
15. Voir Annexe 4 : Contrats d'affiliation à l'UCFO des cercles de Wendover et de Clarence Creek.
16. *Le Droit*, 28 octobre 1937, p. 8.
17. *Le Droit*, 31 août 1938, p. 8.

18. *Le Droit*, 27 juillet 1938.

19. *Le Droit*, 31 août 1938, p. 1.

20. Voir Annexe 5 : Communiqué de Mme Hector Langevin et article de Tante Line dans *Le Droit* à l'occasion du départ de l'abbé Racan.

21. « Soyons Unies », Spécial 10e anniversaire de l'AFEAS, 1976, Rimouski, dans la revue *Souvenir du 30e anniversaire de l'U.C.C.*, 1960.

22. Mariline S. Lafond, *Les 75 ans du Cercle des Fermières de Rimouski*, 1997, Secrétariat du cercle de fermières de Rimouski, p. 2.

23. *Pourquoi. Comment. Petit guide à l'usage des Dames de l'UCC*, 1939, publication de l'UCC diocésaine de Rimouski, p. 7.

24. *Idem.*

25. « Soyons Unies », Spécial 10e anniversaire de l'AFEAS, 1976, Rimouski.

26. Mémoire du Père L. Lebel, s.j., aux évêques du Québec, le 31 décembre 1940, Archives de l'archidiocèse d'Ottawa, Fédération des Cercles de fermières, doc. L292.2/44.

27. *Idem.*

28. *Idem.*

29. *Idem.*

30. *Idem.*

31. *Idem.*

32. Archives de l'archidiocèse d'Ottawa, Fédération des Cercles de fermières, doc. L142/5.

33. *Le Droit*, 17 septembre 1941, p. 4.

34. Fonds d'archives J.-François Séguin, P44/28/9, CRCCF, Université d'Ottawa.

35. Fonds d'archives J.-François Séguin, P44/28/6, CRCCF, Université d'Ottawa.

36. Fonds d'archives J.-François Séguin, P44/28/7, CRCCF, Université d'Ottawa.

37. Fonds d'archives J.-François Séguin, P44/28/6, CRCCF, Université d'Ottawa.

38. *Le Droit*, 26 février 1941, p. 8.

39. Voir Annexe 7 : texte complet du communiqué de Mme Hector Langevin, présidente de la Fédération diocésaine des cercles de fermières de l'Ontario.

40. *Le Droit*, 31 décembre 1941, p. 23.

41. Archives de l'archidiocèse d'Ottawa, Fédération des cercles de fermières, doc. L292.1/52.

42. *Le Droit*, 15 octobre 1941, p. 14.

43. Fonds d'archives, Fédération diocésaine des cercles de fermières, section québécoise, C61/2/1, CRCCF, Université d'Ottawa.

44. *Le Droit*, 16 juin 1943, p. 9.

45. Voir Annexe 8 : Mémoire de l'abbé Ernest Préseault remis à Mgr Alexandre Vachon, archevêque d'Ottawa.

46. Voir Annexe 9 : Lettre de Mgr Alexandre Vachon à l'abbé Ernest Préseault concernant l'Union catholique des femmes rurales.

47. *Le Droit*, 15 mars 1944, p. 12.

48. Fonds d'archives, J.-François Séguin P44/29/2, CRCCF, Université d'Ottawa.

49. Firmin Létourneau, *L'UCC*, 1929, p. 226.

50. L'Union Catholique des Cultivateurs de la province de Québec, lettre à M. l'abbé Ernest Préseault, 28 août 1944, fonds d'archives J.-François Séguin, P44/28/6, CRCCF, Université d'Ottawa.

51. Rapport de J.-A. Marion, président de l'UCC, Réunion des aumôniers de l'UCC, 8 septembre 1944, à Montréal, Archives de l'archidiocèse d'Ottawa, Fédération des cercles de fermières, doc. L292.1/124.

52. Fonds d'archives J.-François Séguin, P44/28/7, CRCCF, Université d'Ottawa.

53. *L'Union Catholique des Fermières. Buts, organisation, programme, statuts*, 1949, fonds d'archives J.-François Séguin, P44/28/2, CRCCF, Université d'Ottawa.

54. Mémoire du Père L. LeBel, s.j., *La Formule de l'U.C.F.*, 10 juillet 1947, fonds d'archives J.-François Séguin, P44/28/6, CRCCF, Université d'Ottawa.

55. Lettre de l'abbé E. Préseault à Mme Joseph Bourgeois, secrétaire du cercle de l'U.C.F. de Sainte-Rose-de-Lima, 12 octobre 1945, fonds d'archives de la Fédération diocésaine des cercles de fermières, section québécoise, C61/2/4, CRCCF, Université d'Ottawa.

CONCLUSION

L'Union catholique des fermières : au-delà de la lutte de pouvoir entre les évêques et les agronomes du Québec

Dans cet ouvrage, nous avons exposé les résultats de notre recherche sur l'histoire sociale des femmes rurales franco-ontariennes. Nous avons tenté de retracer les origines des cercles de fermières franco-ontariens. Notre objectif était de montrer que ces femmes ont été appropriées tant par l'État que par l'Église. Au Québec surtout, elles ont été mêlées aux luttes de pouvoir entre ces deux institutions, notamment entre les aumôniers, les évêques et les agronomes.

La reconstitution historique que nous avons faite a montré que les cercles de fermières franco-ontariens sont apparus dans les années 1930 dans les comtés de Kent et d'Essex et non pas uniquement dans la région de Prescott et Russell. Nous avons établi, croyons-nous, que ce sont les cercles de l'Ontario qui ont les premiers suivi une dynamique religieuse, que leur démarche était celle d'un groupe minoritaire revendiquant des services en français. Les conditions sociales semblent avoir favorisé l'emprise du clergé sur les organisations féminines franco-ontariennes, et cette emprise s'exercera ensuite au Québec, où le conflit entre l'Église, les agronomes et les fonctionnaires éclatera véritablement. Par contre, au Québec, la langue et le protestantisme ne constituent pas des menaces. La question de l'action sociale catholique antiétatique l'a emporté sur la question linguistique. Mais l'action sociale est également importante en Ontario, car elle vise à assurer l'indépendance du groupe par rapport à un État dont on se méfie grandement. Somme toute, c'est du communisme que l'on a peur.

Ainsi, cette étude permet de relater un autre chapitre de l'histoire de l'action sociale catholique dans le cadre plus général du développement de la société canadienne-française. L'histoire que nous avons tenté de retracer témoigne que la société à laquelle nous avons affaire est complexe : celle-ci cherche à la fois à rivaliser en agriculture avec les plus forts et à produire des acteurs travaillant à la sauvegarde de la langue française et au maintien de la religion catholique et à devenir de plus en plus des professionnels de l'agriculture. C'est là la dynamique d'une société qui désire en même temps moderniser l'économie rurale et lutter contre ses effets néfastes. Le gouvernement ainsi que le clergé agiront sur les deux plans.

La formation des cercles de fermières découle de ce double but. Les fonctionnaires et le clergé veulent des professionnelles au fait des techniques de rentabilisation de la « petite industrie », et aussi des femmes soumises à l'autorité masculine. Les femmes doivent obéir à la fois à l'État, au clergé et au mari. Ainsi, les hommes s'accordent pour décider à leur place.

C'est pourquoi l'idée d'appropriation formulée par Guillaumin convient bien à l'étude des cercles de fermières. Cette approche permet de mieux comprendre la situation des associations des Franco-Ontariennes et leur responsabilité relativement à l'exode rural. Le paradoxe est frappant : alors que les campagnes se modernisent et que les femmes professionnalisent leur rôle, on leur demande de s'en tenir à la petite industrie et de s'occuper d'économie domestique. Les Franco-Ontariennes encourageraient malgré elles la masculinisation de l'économie rurale en devenant les promoteurs d'un mouvement visant à stopper l'exode rural et à rendre la vie à la campagne plus attrayante.

Dès lors, il n'est guère surprenant que, pendant les années soixante, les Franco-Ontariennes se soient éloignées de l'Église et des gouvernements et aient voulu un autre type de mouvement autonome ou de libération. Étant donné le cadre que nous avions défini pour cette étude, nous n'avions pas à tenter d'établir une filiation entre les cercles des fermières et le féminisme des années soixante. Nous nous sommes arrêtée à l'année 1945, car ce sont les origines des cercles qui nous intéressaient le plus.

Mais, à partir de 1945, l'Union catholique des fermières de l'Ontario a continué à vivre des transformations et à s'y adapter. Elle deviendra, en 1969, l'Union culturelle des Franco-Ontariennes, laquelle a pour mandat d'amener les femmes à assumer leurs responsabilités dans la communauté, d'améliorer le statut socio-économique des femmes par la formation, l'information et la revendication, de développer l'entraide parmi ses membres et, finalement, de maintenir la culture française. La devise est : *S'aimer, s'unir, se cultiver*. La patronne est Notre-Dame de la culture[1].

Aujourd'hui l'Union culturelle des Franco-Ontariennes n'a pas peur du féminisme. L'association est aussi un membre actif de la Table féministe francophone de concertation provinciale de l'Ontario. Il faudra bien un jour que l'on décrive les transformations vécues par les cercles après 1945. Il est à espérer que ce travail sera bientôt accompli.

Note

1. Union culturelle des Franco-Ontariennes, *Statuts et règlements*, 1988, Secrétariat UCFO, Ottawa, p. 2.

Annexes

Annexe 1	Lettre de George Creelman, directeur des Women's Institutes.
2	Fondation des mouvements associatifs ruraux.
3	Lettre de Philippe Chauvin, président de l'UFRKE.
4	Contrats d'affiliation à l'UCFO (Clarence Creek et Wendover).
5	Communiqué de Mme H. Langevin, présidente de la section féminine de l'UCFO, et article de Tante Line à l'occasion du départ de l'abbé E. Racan.
6	Lettre de Mgr Vachon à l'abbé E. Préseault concernant la fondation de la Fédération diocésaine des cercles de fermières.
7	Communiqué de Mme Hector Langevin, concernant la fondation de la Fédération diocésaine des cercles de fermières, partie ontarienne.
8	Mémoire de l'abbé E. Préseault concernant l'Union catholique des femmes rurales.
9	Lettre d'approbation de Mgr Vachon concernant l'Union catholique des femmes rurales.

ANNEXES

ANNEXE 1

Lettre de G. C. Creelman, directeur des Women's Institutes

During Creelman's term, from 1899 to 1904, inquiries were pouring in from all over the Province, "about how to establish a WI Group as the one in Stoney Creek." In answer to these anxious potential members, Creelman decided to issue the first formal set of instructions on how to organize a Women's Institute. Dated June 1900, this letter outlined the rationale behind the movement, declaring "What Farmer's Institutes have done for the farmers and the farms, Women's Institutes can do for the homes through the instrumentality of wives and daughters." Promising a grant of $10 per year to help with holding meetings, the letter went on to advise:

> The rules and regulations are very simple. The following are the most important:
>
> The organization meeting may be called by Superintendent of the Farmers' Institutes, by the head of a municipality, by the President and Secretary of the local Farmer's Institute or by five ladies of the district.
>
> Each Women's Institute shall be in affiliation with the Farmers' Institutes in that district.

The object of the Women's Institute shall be the dissemination of knowledge relating to domestic economy, to home sanitation; a better understanding of the economic and hygienic value of foods, clothing and fuel, and a more scientific care and training of children with a view to raising the general standing of the health and morals of our people.

Each Women's Institute shall receive a grant of $10 annually from the Department, on condition that an equal sum be granted by the council or municipality in which the institute is organized or from the local farmer's institute, and on such further conditions as are imposed by the "Act and rules" governing Farmers' Institutes.

After your institute has been organized and has elected officers, a date will be set for the next meeting.

An organization that will enable each lady in the neighbourhood to get all such information in a practical and systematic form cannot fail to assist in the general upbuilding and improving of women's work on the farm. Some districts have already organized and twelve others have signified their intention of doing so during the coming season.

We have a number of estimable lady delegates on our staff and their services may be secured at any time to assist any proposed institute in organizing or in carrying out any practical schemes of organization.

Trusting you will give this matter your personal attention I am.

Yours very truly,
G. C. Creelman,
Superintendent of Farmers' Institutes

Source : Linda Ambrose, *For Home and Country*, 1996, p. 32

ANNEXE 2

Fondation des mouvements associatifs des femmes rurales

12 janvier 1897
WOMEN'S INSTITUTE — ONTARIO
Stoney Creek (Ontario)
Initiateurs : Erland Lee – Mme Adelaide Hoodless
Présidente : Mme Christina Smith

Septembre 1906
CERCLES DE FERMIÈRES — EUROPE
Alveringhem (Belgique)
Initiateurs : Paul De Vuyst, ministère de l'Agriculture
M. le chanoine Moular, Leuze
Présidentes : Mlles D'Hondt et Van Haverbeke

Québec		Ontario
Cercles de fermières Chicoutimi (Québec) Initiateur : Alphonse Désilets	février 1915	
Union catholique des cultivateurs (UCC) Président : Laurent Barré L'Ange-Gardien de Rouville	1er octobre 1924	
	16 avril 1929	**Union des cultivateurs franco-ontariens (UCFO)** Ottawa (Ontario) Initiateurs : Association canadienne-française d'éducation d'Ontario (ACFEO) Président : J.-D. Prégent Lefaivre (Ontario)
	28 février 1935	**Union des cultivateurs de Kent et d'Essex (UCKE)** Belle-Rivière (Ontario) Président : Léo Sylvestre Belle-Rivière (Ontario)

Québec		Ontario
	29 janvier 1936	**Union des fermières de Kent et d'Essex** Pointe-aux-Roches (Ontario) Initiateur : Léo Sylvestre, prés. UCKE Présidente : Mme L.-P. Pinsonneault Pointe-aux-Roches (Ontario)
	29 octobre 1937	**Section féminine de l'UCFO** Cercles d'arts ménagers Rockland (Ontario) Initiateur : Abbé Elzéar Racan Antonin Lalonde, prés. UCFO Présidente : Mme Valentine Lacasse Wendover (Ontario)
Dames de l'UCC Rimouski (Québec) Initiateur : Abbé Alphonse Belzile Présidente : Mme Alphonse Rioux Trois-Pistoles (Québec)	16 janvier 1940	
Fédération diocésaine des cercles de fermières Diocèse d'Ottawa, partie québécoise Initiateur : Abbé Ernest Préseault Présidente : Mme Joseph Closson Chenéville (Québec)	15 mai 1941	
	11 juillet 1941	**Fédération diocésaine des cercles de fermières** Diocèse d'Ottawa, partie ontarienne Initiateur : Abbé Ernest Préseault Présidente : Mme Hector Langevin Caledonia Springs (Ontario)
Fédération des dames fermières Diocèse d'Ottawa, partie québécoise Initiateur : Abbé Ernest Préseault Présidente : Mme Joseph Closson Chenéville (Québec)	10 mars 1943	

Québec		Ontario
Fédération agronomique des cercles de fermières, district n° 15 Initiateur : J. W. Delaney, agronome Présidente : Mme P. Joanis Maniwaki (Québec)	22 juin 1943	
Union catholique des femmes rurales Diocèse d'Ottawa, partie québécoise Initiateur : Abbé Ernest Préseault Présidente : Mme Joseph Closson Chenéville (Québec)	26 octobre 1943	**Union catholique des femmes rurales** Diocèse d'Ottawa, partie ontarienne Initiateur : Abbé Ernest Préseault Présidente : Mme M.-G. Senécal Plantagenet (Ontario)
Union catholique des fermières Diocèse d'Ottawa, partie québécoise Initiateur : Abbé Ernest Préseault Présidente : Mme Joseph Closson Chenéville (Québec)	10 octobre 1944	
	21 février 1945	**Union catholique des fermières de la province d'Ontario (UCFO)** Initiateur : Abbé Ernest Préseault Présidente : Mme Félix Quenneville Saint-Isidore-de-Prescott (Ontario)
	21 novembre 1948	**Union des familles rurales de Kent et d'Essex** Initiateur : Georges Michaud, agronome Président : Philippe Chauvin Pointe-aux-Roches (Ontario) Vice-présidente : Mme Trefflé-Laprise Paincourt (Ontario)
Union catholique des femmes rurales (UCFR) Province de Québec : changement de nom afin d'éviter toute confusion avec les cercles de fermières	1957	

Québec		Ontario
Association féminine pour l'éducation et l'action sociale (AFEAS) (Née de la fusion des cercles d'économie domestique et des cercles de l'UCFR, l'AFEAS est toujours active au Québec.)	1966	
	septembre 1969	**Union culturelle des Franco-Ontariennes (UCFO)** (L'Union catholique des fermières de la province d'Ontario adopte un nouveau nom. En 1997, l'Union culturelle des Franco-Ontariennes existe toujours sous le même nom et compte environ 2 500 membres.)

Les deux groupes sont autonomes !

ANNEXE 3

Lettre de Philippe Chauvin, président de l'Union des familles rurales de Kent et Essex

Pointe-aux-Roches, Co. Essex, Ontario
15 mai 1948

Cher monsieur,

Dans la péninsule de Kent et Essex, entre Chatham et Windsor, Ontario, il existe un groupement rural de (16.000) seize mille Canadiens français, réparti environ moitié sur les fermes et moitié dans les villages et les petites villes de Tilbury et Tecumseh.

Il y a approximativement (1000) un mille cultivateurs dans les (7) sept paroisses presque totalement françaises de Rivière-aux-Canards, Tecumseh, Pointe-aux-Roches, Belle-Rivière, Saint-Joachim, Pain-Court et Grande-Pointe.

Depuis au moins (20) vingt ans, ces cultivateurs demandent en vain les services d'un agronome de langue française.

En ces dernières années, l'organisation communiste de Windsor et Détroit, solidement établie chez les ouvriers de ces villes industrielles, songe à pénétrer les ruraux du comté d'Essex. Elle a déjà commencé un travail d'approche, par l'achat à des prix astronomiques, dans les villages ruraux, d'hôtels, de restaurants, de salles de danse, de clubs et autres endroits où se réunit la jeunesse.

C'est une méthode connue, qui a donné des résultats en France, et qui a permis l'organisation du parti communiste paysan français, avec un des journaux agricoles les mieux rédigés de France, mais d'inspiration nettement communiste, « LA TERRE ».

Devant cet état de choses, quelques cultivateurs patriotes et catholiques, se sont alarmés, et ont décidé d'organiser une association de cultivateurs catholiques avec un secrétariat permanent.

À cet effet, depuis janvier, ils ont commencé une souscription qui a rapporté dans la péninsule, à date, la somme de ($20,000) vingt mille piastres, soit: ($4,000) quatre mille dollars en chèques pour 1948, et ($4,000) quatre mille dollars sur billets annuels, pour les quatre années suivantes 1949-50-51-52.

Si l'organisation pouvait trouver quelques mille piastres additionnelles, la permanence du bureau et l'emploi d'un agronome qualifié serait assuré pour (5) cinq ans.

Tel que vous ne l'ignorez pas, c'est souvent aux avant-postes que se perdent ou se gagnent les batailles. Le jour où les communistes auront réussi à constituer un noyau de cultivateurs communistes dans Essex, est-ce que ce ne serait pas là une menace pour le Canada français tout entier?

C'est pourquoi, nous faisons appel à la générosité des agronomes de la Province de Québec, qui mieux que toute autre classe de la population française, croyons-nous, comprendra la valeur incalculable d'un tel centre de résistance française et catholique.

Vous trouverez donc ci-inclus une formule de souscription qui vous constituera, une fois signée et expédiée, membre honoraire de « L'UNION DES FAMILLES RURALES DE KENT ET ESSEX » pour la somme de ($5,00) cinq piastres par année, et une autre pour un de vos amis.

Bien entendu nous ne mettons pas de plafond à votre générosité. Avec l'espoir que cette demande sera bien accueillie, et qu'il vous sera possible de nous retourner les formules avant la fin de mai, nous nous souscrivons,

PHILIPPE CHAUVIN, PRÉSIDENT
COMITÉ D'ORGANISATION
L'UNION DES FAMILLES RURALES
POINTE-AUX-ROCHES
(CO. ESSEX) ONT.

Fonds d'archives P62/3/4, Michaud, Georges
Centre de recherche en civilisation canadienne-française
Université d'Ottawa

ANNEXE 4

Affiliation à l'Union des cultivateurs franco-ontariens

Le Droit, le 7 avril 1937.

CHRONIQUE DES CERCLES

CLARENCE CREEK

Jeudi le premier avril, avait lieu une réunion des dames et des demoiselles de la paroisse en vue d'organiser chez nous un cercle de fermières.

Après avoir souhaité la bienvenue à tous Mme P.E. Rochon, présidente du nouveau cercle, sollicita la coopération de chacun des membres à la nouvelle organisation.

M. l'abbé Rollin notre dévoué curé, M. l'abbé Racan, aumônier général et M. Antonin Lalonde, président général de l'Union des Cultivateurs Franco-Ontariens de l'Est prirent aussi la parole, nous félicitant de notre initiative et nous encourageant à y persévérer.

Au cours de la séance le nouveau cercle adopta la résolution suivante :

CONSIDÉRANT que l'Union des Cultivateurs Franco-Ontariens a pour but le bien-être et le progrès de toute la classe agricole.

CONSIDÉRANT que l'Union des Cultivateurs apprécie la contribution indispensable des femmes au succès de son oeuvre.

CONSIDÉRANT qu'à cette fin des Cultivateurs Franco-Ontariens a pour but le bien-être et le progrès de toute la classe agricole.

CONSIDÉRANT qu'en coordonnant leurs efforts, l'Union des Cultivateurs et les cercles de fermières pourraient servir plus efficacement les intérêts de la classe agricole.

Il est proposé par Mme Hormidas Barbeau et appuyé par Mme Dassise Vinette que le cercle des fermières de Clarence Creek, Ontario, sollicite son affiliation à l'Union des Cultivateurs Franco-Ontariens.

Signé,

MME P.E. ROCHON, présidente

Daté à Clarence Creek, Ontario,

ce 1er avril 1937.

Le Droit, le 2 juin 1937.

CHRONIQUE DES CERCLES

Nouvelle adhésion.

Le cercle des fermières de Wendover vient de nous communiquer son affiliation à l'Union des Cultivateurs.

Wendover le 12 mai 1937.

CONSIDÉRANT que l'Union des Cultivateurs Franco-Ontariens a pour but le bien-être et le progrès de toute la classe agricole.

CONSIDÉRANT que l'Union des Cultivateurs apprécie la contribution indispensable des femmes au succès de son oeuvre.

CONSIDÉRANT qu'à cette fin l'Union des Cultivateurs a organisé une section féminine qu'elle désirerait voir s'étendre dans chaque paroisse.

CONSIDÉRANT qu'en coordonnant leurs efforts, l'Union des Cultivateurs et les cercles de fermières pourraient servir plus efficacement les intérêts de la classe agricole.

Il est proposé par Mme Joe Médard et appuyé par Mme Albert Malete que le cercle des fermières de Wendover sollicite son affiliation à l'Union des Cultivateurs Franco-Ontariens.

(Signé) Mme Joseph Lacasse, Présidente

Laurette Leclair, Secrétaire

Si nous publions la teneur de cette résolution c'est pour rappeler aux cercles de fermières déjà existants ou à fonder que l'Union des Cultivateurs désire tendre la main à tous ceux qui de près ou de loin, veulent travailler au bien-être de la classe agricole. L'unité de fin devrait entraîner l'unité la coordination des moyens et des énergies.

ANNEXE 5

Communiqué de Mme H. Langevin, présidente de la section féminine de l'UCFO, et l'article de Tante Line à l'occasion du départ de l'abbé E. Racan

Le Droit, le 4 septembre 1940, p. 7

Le fondateur de la Section féminine quitte l'U.C.F.O.

Il y a quelques semaines notre section féminine déplorait le départ de son aumônier, M. l'abbé Croteau, que Son Excellence Monseigneur l'Archevêque venait de nommer à la cure de Perkins. Aujourd'hui, c'est l'Union des Cultivateurs tout entière qui voit à regret son aumônier général la quitter, après avoir été appelé à la direction de la paroisse de Papineauville.

Notre section ne saurait laisser passer cette circonstance sans dire sa vive gratitude à M. le curé Racan. C'est grâce à son initiative et à son dévouement que naissait , il y a trois ans, l'organisation qui a, depuis, connu un développement et des succès remarquables. Notre inoubliable excursion à Ste-Martine, notre brillant congrès de Wendover, notre agréable voyage à L'Ile Ste-Hélène, ces trois seules pages de la jeune histoire de notre section suffiraient à lui mériter notre profonde reconnaissance. Mais, il a fait davantage pour nous. Pendant plus de cinq ans, il a fait sienne la cause agricole et il s'est dépensé à atténuer la grande misère des cultivateurs en les exhortant à la pratique plus scrupuleuse des vertus chrétiennes et à l'union plus étroite de leurs forces dans les cadres de leur association professionnelle.

L'œuvre qu'il a dirigée et aimée de toute son âme d'apôtre perd en lui un bienfaiteur insigne. Qu'il soit assuré de notre meilleur souvenir et que Dieu lui rende en succès et en consolations tout le bien dont lui sont redevables les cultivateurs franco-ontariens de l'Est.

À son digne successeur, M. le curé Méthot, de Vars, nous souhaitons la plus cordiale bienvenue. Le nouvel aumônier général de l'U.C.F.O. peut compter sur la collaboration et la confiance respectueuse de la Section féminine.

À la poursuite d'une tâche aussi difficile que nécessaire, il apportera, nous le savons, des qualités, une culture et une expérience précieuses. Veuillent nos cultivateurs correspondre au zèle éclairé qu'il mettra à soutenir et à orienter leur cause.

La présidente générale,
Mme Hester LANGEVIN

Le Droit, le 11 septembre 1940, p. 7

Courrier de Tante Line

À titre d'humble collaboratrice à cette page, on me permettra de me joindre aux amis et aux membres de la grande famille agricole des comtés de Prescott et Russell pour dire un mot de gratitude à l'adresse de l'aumônier général qui vient de quitter l'U.C.P.O.

À lire les adieux de Nicodème dans la Vie Agricole de mercredi dernier, on y voit, synthétisés en quelques lignes vibrantes, l'idéal et le travail de cinq années vécues pour la cause rurale. "Aimer la terre, la faire aimer des siens, l'exploiter avec Dieu et pour Dieu" c'est bien là la solution suprême au problème de l'agriculture. Cette solution, il ne l'a pas demandée aux théories des économistes, il l'a trouvée spontanément dans les directives de nos évêques et dans son coeur de prêtre. À l'application de ce remède, il a mis un dévouement, une conviction, voire une joie soutenue.

Pour mesurer tout le mérite de l'oeuvre qu'il laisse après lui, il faut comprendre les difficultés particulières à la tâche d'animer et de diriger un organisme comme l'U.C.F.O. l'exiguïté (pour ne pas dire l'absence) des ressources financières, les fatigues de voyages fréquents, la corvée des séances sans fin, les ennuis du journaliste amateur, l'inertie et l'individualisme du trop grand nombre, en faudrait-il davantage pour tuer le zèle et l'enthousiasme des plus résolus? Toutes ces misères n'ont pas rebuté l'aumônier général qui vient de partir. La dernière parole de Nicot à Nicodème se retirant de la scène, M. l'Abbé Racan l'a enseigné de bouche et de coeur, pendant cinq années face aux misères et aux obstacles. Cette exhortation, il l'a également prêchée par des gestes, dont le plus éloquent, à notre sens, est la fondation de la section féminine, qui, du coup a entraîné dans les rangs de l'association professionnelle des cultivateurs l'élément le plus actif et le plus progressif de la classe rurale.

Si les hommes passent, les institutions auxquelles ils ont donné le meilleur d'eux-mêmes, doivent continuer de grandir. Tel sera le cas de l'U.C.F.O. Dans la personne de M. l'abbé Méthot, les cultivateurs de nos deux comtés retrouveront le prêtre qui saura poursuivre, avec entrain et succès, l'oeuvre de son prédécesseur. Ses origines et ses attaches terriennes, ses belles qualités d'esprit et de coeur, son expérience de professeur et de nombreuses années de ministère paroissial luit ont conquis à l'avance l'estime, la confiance et la collaboration des gens qu'il veut servir.

TANTE LINE

ANNEXE 6

Lettre de Son Excellence Monseigneur Alexandre Vachon, Archevêque d'Ottawa, à M. l'abbé Ernest Préseault, ptre., aumônier diocésain des Cercles de Fermières

Archevêché d'Ottawa, le 12 mai 1941

L'abbé Ernest Préseault,
Aumônier diocésain des Cercles de Fermières

Cher monsieur Préseault,

J'ai suivi avec une particulière satisfaction le travail que vous avez accompli dans le diocèse dans l'intérêt de nos Oeuvres Sociales et spécialement de la Classe Agricole depuis votre nomination comme aumônier diocésain au mois d'octobre dernier.

Je désire, en vous félicitant, vous encourager paternellement à continuer à vous dévouer si généreusement au bien spirituel et temporel de cette classe qui m'est si chère.

Dès votre nomination, je vous ai dit que je voulais grouper tous les Cercles de Fermières en une Fédération diocésaine et je pense que le temps est venu de procéder officiellement à cette organisation. Cette Fédération de tous les Cercles de Fermières de notre diocèse, partie québécoise, doit être sous la direction et la surveillance de l'aumônier diocésain des Cercles.

Messieurs les Agronomes seront invités à collaborer à titre d'aviseurs techniques.

« Dans ces mêmes cercles d'études, l'agronome aura naturellement aussi une fonction de guide et d'aide en tout ce qui a trait à la technique de la profession. Qu'il évite d'y paraître avec des visées ou des sentiments de simple fonctionnaire d'État, restreignant ainsi son influence à celle d'une partisannerie politique, tandis qu'il lui faut l'employer à l'oeuvre de la RECONSTRUCTION SOCIALE ». (Lettre Pastorale collective de Son Éminence le Cardinal Villeneuve, Archevêque de Québec et de leurs Excellences les Archevêques et Évêques de la Province Civile de Québec sur le Problème Rural. n° 58).

M. l'aumônier diocésain organisera un Cercle de Fermières dans les paroisses où il n'en existe pas déjà et il invitera ensuite la déléguée officielle du gouvernement à venir le visiter.

Vous voudrez bien organiser cette Fédération Diocésaine selon la « Constitution » ci-incluse.

Veuillez agréer, cher Monsieur Préseault, avec l'assurance de ma paternelle affection, ma plus cordiale bénédiction pour vous et tous les membres de vos Cercles de Fermières,

Alexandre Vachon,
Archevêque d'Ottawa.

Source : Archives de l'archidiocèse d'Ottawa
Fédération des Cercles de fermières
doc. L142/5

ANNEXE 7

Communiqué de Mme H. Langevin, concernant la fondation de la Fédération diocésaine des cercles de fermières, partie ontarienne

le 11 juillet 1941

Aux cercles de Fermières du Diocèse d'Ottawa, partie de l'Ontario

À une assemblée du Comité Exécutif de la Fédération diocésaine des Cercles d'Arts Ménagers, section féminine de l'UCCFO, tenue à Rockland le 22 juillet dernier, il a été décidé que, pour se rendre au désir de Mgr l'Archevêque, nos Cercles d'Arts Ménagers porteront désormais le nom de « Cercles de Fermières ».

Vous recevez, en même temps que cette lettre, une copie des nouvelles constitutions de la Fédération diocésaine qui groupe les Cercles de Fermières du diocèse, partie de l'Ontario, actuellement au nombre de 15. Ces constitutions ont été adoptées à cette même assemblée par les membres du Comité Exécutif.

Je demande aux membres du bureau de direction de nos cercles paroissiaux de vouloir les bien étudier et de les faire connaître aux autres membres du cercle.

J'ai le plaisir de vous annoncer, dès maintenant, que nous aurons, cette année, un congrès diocésain pour nos Cercles de Fermières. Ce congrès se tiendra à Bourget, mercredi le 15 octobre, en même temps que celui de l'UCCFO.

Il est à espérer que tous les membres de nos Cercles de Fermières se feront un devoir de venir à leur congrès. J'insiste, tout spécialement, pour que les Présidentes et les Secrétaires de chaque cercle, qui forment le « Bureau de Direction » de notre Fédération diocésaine, soient présentes à leur réunion annuelle qui se tiendra à l'occasion de ce congrès. Il y aura des choses très importantes à décider pour l'avancement et le progrès de nos cercles.

À notre Congrès diocésain, nous aurons le plaisir et le précieux avantage d'entendre Mme Françoise Gaudet-Smet, Directrice de la revue « Paysana » qui viendra nous parler des Arts Domestiques, facteurs de Bien Moral, Personnel, Familial et National.

À la demande de notre aumônier diocésain, M. l'abbé Ernest Preseault, j'invite les cercles à faire une exposition paroissiale des travaux exécutés par leurs membres au cours de l'année. Cette exposition pourrait avoir lieu durant le mois de septembre ou octobre. Après en avoir fixé la date, veuillez donc avertir la Secrétaire de la Fédération, Mme René Pilon, Rockland, Ontario.

Souhaitant tout le succès possible à chacun de nos Cercles de Fermières,

Mme Hector Langevin,
présidente de la Fédération diocésaine des
Cercles de Fermières, section de l'Ontario

Source : Fonds d'archives, U.C.F.O., C30/30/4, CRCCF, Université d'Ottawa

ANNEXE 8

Mémoire de l'abbé E. Préseault concernant l'Union catholique des femmes rurales

Patronne: Notre Dame des Champs

FÉDÉRATION DES CERCLES DE FERMIÈRES
(Partie Québécoise)

Ottawa, le 14 septembre 1943

re: - « Union catholique des femmes rurales »

Excellence,

Le 26 novembre 1921, a été fondé dans le diocèse d'Ottawa, partie québécoise, le premier cercle de fermières à Montebello. À partir de cette date jusqu'au trois novembre 1939, neuf autres cercles de fermières furent organisés.

Au mois de septembre 1940, le premier aumônier diocésain des cercles de fermières était nommé, avec charge de grouper les cercles déjà existants dans une fédération diocésaine. Au cours du mois de mai, cinq nouveaux cercles furent fondés par l'aumônier diocésain.

Le projet de « Fédération diocésaine » et les « Constitutions » de cette fédération furent présentés à votre Excellence et approuvés par Elle, le 12 mai 1941.

Le 15 mai suivant, à l'occasion d'une assemblée spéciale, convoquée à Saint-André-Avellin, à laquelle assistaient les présidentes et les secrétaires de tous les cercles de fermières, la « Fédération diocésaine des cercles de fermières du diocèse d'Ottawa » était fondée.

La fédération groupait alors les 15 cercles de fermières avec un nombre total de 516 membres, dont 417 dames et 99 jeunes filles.

Cette Fédération est dirigée par un Comité exécutif composé de l'aumônier diocésain et de trois membres ; par un Conseil fédéral comprenant le Comité exécutif, les aumôniers paroissiaux ainsi que les présidentes et les secrétaires des cercles paroissiaux.

Tout comme dans la partie ontarienne, les cercles paroissiaux reçoivent de l'aumônier et du Bureau diocésains un programme d'étude et d'action uniforme, aidant à la réalisation du but pour lequel cette Fédération a été fondée et qui est le même que celui de la section féminine de l'U.C.C.F.O., à savoir : promouvoir l'union de toutes les femmes et filles rurales, en vue de l'amélioration des conditions sociales et économiques du foyer rural, par l'éducation et la formation de la femme et de la jeune fille à son rôle d'épouse, de mère et de maîtresse de maison.

Dans la Fédération diocésaine, partie québécoise, les progrès réalisés depuis 1941 et le travail de propagande et d'éducation en faveur d'une section féminine dans l'Association professionnelle autonome et libre de toute influence politique ont eu pour heureux résultats de susciter, dans tous les cercles, un courant d'opinion favorable à la réalisation concrète de ce projet.

En un mot, les femmes rurales désirent avoir pour elles, tout comme leurs maris, une Association bien à elles, et qui serait pour elles un moyen de pourvoir, non seulement à l'acquisition d'une certaine habileté dans les travaux manuels, mais qui serait aussi et surtout un foyer d'éducation familiale et professionnelle, leur faisant mieux connaître leur rôle d'épouse, de mère, de maîtresse de maison, leur aidant à mieux répondre à leur mission selon les besoins actuels et les désirs de l'Église.

Le 22 juin 1943, les présidentes des cercles de fermières ont été convoquées par l'agronome régional, à une assemblée, à Hull, dans le but de jeter les bases d'une Fédération agronomique groupant les cercles de fermières du district agronomique n° 15, sous la juridiction de l'agronome régional.

Ce district agronomique n° 15 comprend les comtés Gatineau, Hull, Papineau, et Pontiac. À cette assemblée, 25 représentantes de cercles, dont 8 de notre diocèse assistaient, les autres venant de paroisses en-dehors du diocèse.

À cette réunion, ni l'aumônier diocésain, ni les aumôniers paroissiaux des cercles, ni les membres du Comité exécutif de la Fédération diocésaine ne furent invités.

Le ministère provincial de l'Agriculture était représenté par Monsieur O.-A. Bériau, chef du Service de l'Économie Domestique et par Mademoiselle Marie-Anne Vaillancourt, directrice générale des cercles de fermières de la province.

Le président de cette réunion, après avoir souhaité la bienvenue aux deux visiteurs du ministère de l'Agriculture ainsi qu'aux fermières, exposa le but de la réunion, la politique de la fédération et ses nombreux avantages. Ayant ensuite remercié les représentants du ministère, M. le président exprima le désir de voir bientôt toutes les fermières du district réunies dans la grande famille provinciale.

Monsieur Bériau, à son tour, expliqua les difficultés apparentes qui ont empêché jusqu'ici les fermières du district de faire comme les autres fermières de la province. « Elles proviennent, dit-il, du fait que l'on ne distingue pas bien entre fédération régionale et fédération diocésaine. Ces deux fédérations ne sont pas appelées à se faire une lutte ; la première doit s'occuper plutôt du côté matériel, tandis que la seconde doit s'occuper du côté religieux. »

« La fédération régionale, continue M. Bériau, doit grouper tous les cercles de fermières d'une région agronomique, sous la surveillance de l'agronome régional. »

Le Bureau de direction formé, à cette assemblée, est composé, à l'exception de la vice-présidente, de dames appartenant à des paroisses en dehors du diocèse d'Ottawa.

Depuis cette réunion, les secrétaires des cercles qui n'étaient pas représentés ont reçu la visite des agronomes, et, à plusieurs reprises, une lettre de Mademoiselle Vaillancourt pour les inviter à faire partie de la Fédération agronomique.

Dans sa lettre, Mademoiselle la directrice des cercles de fermières mentionne bien que les cercles sont « libres » d'accepter ou de rejeter la Fédération agronomique. Les agronomes, par contre, font miroiter les avantages matériels des octrois et des cours, lesquels, désormais, seront accordés exclusivement aux cercles de la Fédération agronomique, bien que précédemment les octrois étaient accordés aux cercles, et les cours étaient donnés à toutes les dames et demoiselles, membres ou non d'un cercle de fermières.

En présence de cette situation, déjà onze cercles ont préféré sacrifier octrois et cours pour conserver leur liberté et leur autonomie.

Si les octrois d'un dollar par membre, jusqu'à concurrence de cinquante dollars, sont retranchés, les cercles qui n'ont pas accepté la Fédération agronomique sont prêts à y pourvoir autrement avec l'autorisation du curé de la paroisse.

Quant aux cours, la Fédération diocésaine sera bientôt en mesure de les fournir.

Il est à noter que même dans les cercles qui semblent vouloir préférer la Fédération agronomique à la Fédération diocésaine, à cause des avantages matériels que cette première leur offre, un certain nombre de membres préfèrent aux avantages matériels, les bienfaits du service d'éducation que leur fournit actuellement leur Fédération.

Ce service d'éducation consiste dans un programme d'étude et d'action moral, social, économique et ménagère-agricole.

L'organe de propagande est le bulletin mensuel : « Le Foyer Rural Chrétien », dont le tirage atteint près de trois mille exemplaires qui est répandu dans tous les diocèses du Québec, et même en dehors (Manitoba, Alberta, Nouveau-Brunswick, Colombie Canadienne).

Enfin, à l'occasion d'une récente réunion du Comité exécutif de la Fédération diocésaine des cercles de fermières, les membre présents exprimèrent le vœu, – qui est celui des aumôniers paroissiaux et des membres des cercles de fermières –, que leur situation dans ce domaine d'organisation sociale et économique soit élucidée par la formule syndicale catholique, selon laquelle serait élaborée la section féminine de l'union professionnelle, laquelle se nommerait désormais non plus la Fédération diocésaine des cercles de fermières, mais bien « L'UNION

CATHOLIQUE DES FEMMES RURALES », ou l'U.C.F.R. (partie québécoise).

À votre demande, Excellence, je vous soumets le présent mémoire qui résume brièvement la situation de nos cercles féminins ruraux, tant de la partie ontarienne que de la partie québécoise de votre diocèse.

Ernest Préseault, ptre.
Aumônier

Secrétariat diocésain des Arts domestiques,
100, rue Georges,
Ottawa, Ont.

Source : Archives de l'archidiocèse d'Ottawa,
Fédération des Cercles de fermières, doc. L142/24-30

ANNEXE 8 (suite)

Section Féminine de l'U.C.C.F.O.

Ottawa, le 14 septembre 1943

Patronne :
Reine des foyers

Devise :
Aime Dieu et ton foyer

re : - « Union catholique des femmes rurales ».

Excellence,

En 1937, lors d'un Congrès diocésain de l'Union catholique des cultivateurs franco-ontariens (U.C.C.F.O.) tenu à Rockland, il fut proposé, discuté et adopté la fondation d'une section féminine rurale, d'après les principes de l'Association professionnelle. Cette proposition avait été faite dans le but de compléter l'organisation professionnelle de la classe agricole dans cette partie du diocèse d'Ottawa.

Tout en étant affiliée à la section masculine de l'Association professionnelle catholique des cultivateurs franco-ontariens, cette section féminine devait jouir de son autonomie.

Le vœu émis en cette circonstance fut soumis à Son Excellence Monseigneur Guillaume Forbes, alors Archevêque d'Ottawa, qui ratifia ce projet par la nomination d'un aumônier.

Commença ensuite l'organisation des cercles paroissiaux (ruraux féminins) qui, à l'heure actuelle, sont au nombre de vingt-trois.

Dans chaque paroisse cette section présentement appelée « Section féminine de l'U.C.C.F.O. », pour la partie ontarienne du diocèse, possède son Comité exécutif, composé d'un aumônier, d'une présidente, d'une vice-présidente, de trois conseillères et d'une secrétaire-trésorière. De plus, chaque cercle local est reconnu comme un groupement régulièrement organisé et jouit des mêmes privilèges que les autres organisations paroissiales.

Dans cette partie ontarienne du diocèse, ces cercles paroissiaux sont groupés autour d'un Bureau diocésain, composé d'un Comité exécutif de trois membres et d'un Conseil formé des membres du Comité exécutif et des présidentes et des secrétaires des cercles paroissiaux, et d'un aumônier diocésain nommé par l'Archevêque.

Le Bureau diocésain a pour fonction de fournir aux cercles paroissiaux un programme d'étude et d'action uniforme, aidant ainsi à la réalisation du but pour lequel cette section féminine a été fondée.

Ce but est de promouvoir l'union de toutes les femmes et filles rurales, en vue de l'amélioration des conditions sociales, économiques du foyer rural, par l'éducation et la formation de la femme et de la jeune fille à son rôle d'épouse, de mère et de maîtresse de maison.

Étant donnés les progrès réalisés depuis environ six ans, lesquels progrès dénotent un développement chez les membres de ces cercles d'une véritable mentalité syndicale, le moment semble venu de concrétiser cet état d'esprit dans une « Union professionnelle » qui pourrait être connu, selon le désir des membres, sous le nom de « l'Union Catholique des Femmes Rurales », ou l'U.C.F.R. (partie ontarienne).

Ernest Préseault, ptre.
aumônier

Secrétariat diocésain des Arts domestiques,
100, rue Georges
Ottawa, Ont.

ANNEXE 9

Lettre d'approbation de Mgr Alexandre Vachon concernant l'Union catholique des femmes rurales

Pour une section féminine de l'U.C.C. et de l'U.C.C.F.O.

« L'UNION CATHOLIQUE DES FEMMES RURALES »

Lettre de Son Excellence Monseigneur Alexandre Vachon, Archevêque d'Ottawa, à M. l'abbé Ernest Préseault, aumônier de la Section Féminine de l'U.C.C.F.O. et de la Fédération diocésaine des Cercles de Fermières.

Ottawa, le 26 octobre 1943

L'abbé Ernest Préseault, aumônier,
Fédération des Cercles de Fermières,
100, rue Georges, Ottawa, Ont.

Cher Monsieur Préseault,

J'ai pris connaissance du mémoire daté du 14 septembre dernier que vous avez eu la bienveillance de me faire parvenir, dans lequel vous exposez un projet de l'Union Catholique des Femmes Rurales pour le diocèse d'Ottawa.

J'ai été empêché d'étudier ce document avant ces jours derniers.

En 1937, mon vénéré prédécesseur, Monseigneur Guillaume Forbes, ratifia la proposition qui [*sic*] avait faite, lors d'un Congrès diocésain de l'Union catholique des cultivateurs franco-ontariens (U.C.C.F.O.), tenu à Rockland, de fonder une section rurale féminine d'après les principes de l'Association professionnelle. Et le 12 mai 1941, j'ai approuvé la « Fédération diocésaine des cercles de fermières du diocèse d'Ottawa ».

Puisque le but poursuivi dans les deux parties du diocèse est le même, à savoir, de promouvoir l'union de toutes les femmes et filles rurales, en vue de l'amélioration des conditions sociales, économiques du foyer rural, par l'éducation et la formation de la femme et de la jeune fille à son rôle d'épouse, de mère et de maîtresse de maison, je crois qu'il vaut mieux les grouper sous une même formule qui fera converger davantage leurs activités vers le bien spirituel et temporel de la classe rurale.

Par conséquent, dorénavant, on voudra bien grouper tous les cercles de fermières de tout le diocèse dans une fédération diocésaine désignée sous le nom de « L'Union catholique des Femmes Rurales ».

Je demande au Sacré-Coeur de Jésus, par l'intercession de Notre-Dame-des-Champs, de bénir votre travail et répandre sur vous et sur tous vos Cercles de Fermières les grâces les plus précieuses et les plus abondantes.

(signé) Alexandre VACHON
Archevêque d'Ottawa

Source : *Le Droit*, 17 novembre 1943

TABLEAU CHRONOLOGIQUE

Fondation des mouvements associatifs ruraux

1895 *The Agriculture and Arts Act*, Ontario.

1896 *The Agriculture and Arts Amendment Act*, Ontario. Un groupe de femmes peut s'affilier au Farmers' Union pour obtenir des cours.

1897 Fondation des Women's Institutes, Stoney Creek (Ontario).

1902 *The Agriculture and Arts Amendment Act*, Ontario. Reconnaissance des WI comme organisation travaillant à améliorer le statut des femmes rurales en Ontario. Peut obtenir des cours sans faire appel à l'aide des Farmers' Union.

1904 Fondation des Homemaker's Clubs, Québec.

1906 Fondation des cercles de fermières de Alveringhem (Belgique). Initiateur : Paul De Vuyst.

1915 Février : fondation des cercles de fermières du Québec, Chicoutimi (Québec). Initiateur : Alphonse Désilets.

1924 Fondation de l'Union catholique des cultivateurs, Québec.

1929 Les 16-17 avril : congrès de fondation de l'Union des cultivateurs franco-ontariens (Prescott et Russell). Initiateurs : Association canadienne-française d'éducation de l'Ontario (ACFEO).

1931 Affiliation de l'Union des cultivateurs franco-ontariens à l'Union catholique des cultivateurs du Québec.

1931 Fondation de l'hebdomadaire *La Feuille d'érable* (région de Windsor).

1932 Fondation d'une école ménagère à Sarsfield par l'abbé J.-A. Laflamme, curé de Sarsfield.

1933 Le 2 mars : premiers cours de science ménagère en français pour les femmes rurales francophones de Kent et d'Essex à Pointe-aux-Roches. Techniciennes : Mlle Anne-Marie Samson (Lambton, Québec), Violet S. Kratz, Betty Nelles.

1934 Février : cours d'art domestique en français pour les femmes rurales de Kent et d'Essex. Ferdinand Larose donne les cours d'agriculture.

Le 28 septembre : congrès de l'UCFO à Clarence Creek. Vœu : que chaque paroisse organise un cercle de fermières. Le gouvernement de l'Ontario est invité à fournir des conférencières de langue française.

Bessie Cameron McDermand nommée directrice des Women's Institutes au ministère de l'Agriculture de l'Ontario.

1935 Le 25 février : fondation de l'Union des cultivateurs de Kent et d'Essex, à Belle-Rivière. Président : Léo Sylvestre, Belle-Rivière.

Demande formulée par les femmes de Kent et d'Essex en vue d'avoir une journée pour elles-mêmes à l'occasion des congrès de l'Union des cultivateurs.

Le 25 avril : premiers cours d'arts ménagers en français à Limoges pour les femmes rurales de Prescott et Russell.

1936 Les 28, 29, 30 janvier : 2e congrès de l'Union des cultivateurs de Kent et d'Essex à Saint-Joachim.

Le 28 janvier : à Saint-Joachim, fondation de l'Union des fermières de Kent et d'Essex. Présidente : Mme L. Philippe Pinsonneault, Pointe-aux-Roches (Ontario).

Février : fin des cours d'arts ménagers à Casselman. Fondation d'un cercle de fermières (WI). Présidente : Mme E. Sabourin, Casselman (Ontario).

Du 9 mars au 6 avril, cours d'arts ménagers à Wendover.

Le 6 avril : fin des cours d'arts ménagers à Wendover. Fondation d'un cercle de fermières (WI). Présidente : Mme Napoléon Villeneuve; vice-présidente : Mme Joseph Lacasse, Wendover (Ontario).

Le 23 septembre : congrès de l'UCFO à Alfred. Lucille Gratton et Anita Larose proposent d'ajouter une section féminine à l'UCFO qui serait désignée sous le nom de cercle de fermières.

Du 24 novembre au 18 décembre, cours d'arts ménagers à Clarence Creek.

Le 21 novembre : fondation d'un cercle à Embrun (Cercle Forget). Présidente : Mme J.-A. Lacombe, Embrun (Ontario). Les cours d'arts ménagers auront lieu en janvier 1937.

Le 18 décembre : fin des cours d'arts ménagers à Clarence Creek. Fondation d'un cercle de fermières (WI). Présidente : Mme P.-E. Rochon, Clarence Creek (Ontario).

L'abbé Elzéar Racan demande aux cultivateurs d'affilier un groupe de femmes à leur union.

1937 Les 27 et 28 janvier : troisième congrès de l'Union des cultivateurs de Kent et d'Essex à Pointe-aux-Roches. Président : Léo Sylvestre.

Deuxième congrès de l'Union des fermières de Kent et d'Essex. Mme L-.P. Pinsonneault réélue présidente.

Le 1er avril : le cercle de fermières de Clarence Creek s'affilie à l'UCFO. Présidente : Mme P.-E. Rochon, Clarence Creek (Ontario).

Le 12 mai : le cercle de fermières de Wendover s'affilie à l'UCFO. Présidente : Mme Joseph Lacasse, Wendover (Ontario).

Le 27 octobre : congrès de l'UCFO à Rockland. Fondation de la **section féminine de l'Union des cultivateurs franco-ontariens** (cercles d'arts ménagers).

1938 Quatrième congrès de l'Union des cultivateurs de Kent et d'Essex à Paincourt. Démission du président, Léo Sylvestre.

Le 30 août : à Wendover, premier congrès de la section féminine de l'UCFO. Présidente : Mme Joseph Lacasse, Wendover (Ontario).

1939 Cinquième congrès de l'Union des cultivateurs de Kent et d'Essex à Paincourt. Président : Philippe Chauvin de Pointe-aux-Roches. Présidente UFKE : Mme Armand Lavoie.

Le 28 avril : fondation d'un cercle des dames de l'UCC à Rimouski (Québec).

Le 12 juillet : Mme Jos. Lacasse démissionne du poste de présidente. Mme Hector Langevin de Caledonia Springs la remplace.

Le 11 octobre : l'abbé Victorien Croteau nommé aumônier de la section féminine de l'UCFO.

1940 État léthargique de l'Union des cultivateurs de Kent et d'Essex.

Fondation de la Essex and Kent Corn Producers Co-operative Association. Fin de l'Union des cultivateurs et de l'Union des fermières de Kent et d'Essex.

25e anniversaire des cercles de fermières au Québec. Mémoire du P. LeBel, aumônier de l'UCC aux évêques du Québec; objet : les fédérations agronomiques des cercles de fermières.

Le 16 janvier : fondation officielle des **Dames de l'UCC** dans le diocèse de Rimouski. Présidente provisoire en vue de fonder une union diocésaine : Mme Alphonse Rioux (Trois-Pistoles.)

Les 23-30 juin : exposition d'arts ménagers au couvent de la rue Rideau. Initiatives des abbés V. Croteau et E. Racan.

Le 10 juillet : la section féminine de l'UCFO perd son aumônier, l'abbé V. Croteau, nommé curé de Perkins (Québec).

Le 4 septembre : le fondateur de la section féminine, l'abbé E. Racan, est nommé curé à Papineauville (Québec) et quitte l'UCFO.

Octobre : l'abbé Ernest Préseault nommé aumônier de la section féminine de l'UCFO.

1941 Fondation de la Fédération diocésaine des cercles de fermières du diocèse d'Ottawa.

Tentative en vue d'unifier les cercles ontariens et québécois du diocèse d'Ottawa à la suite de la campagne des évêques du Québec.

Partie québécoise : le 15 mai.

Partie ontarienne : le 11 juillet.

Fondation du bulletin mensuel *Le Foyer rural chrétien*.

Le 27 août : premier congrès général de l'UCCFO, où sont présentes les unions diocésaines d'Ottawa et de Hearst. Pour la première fois, il est question de l'Union catholique des cultivateurs franco-ontariens.

Le 15 octobre : premier congrès de la Fédération diocésaine des cercles de fermières, partie ontarienne, à Bourget. Présidente : Mme Hector Langevin, Caledonia Springs (Ontario).

Le 16 septembre : premier congrès de la Fédération diocésaine des cercles de fermières, partie québécoise, à Papineauville. Présidente : Mme Joseph Closson, Chenéville (Québec).

1943 Le 10 mars : fondation de la **Fédération des dames fermières**, diocèse d'Ottawa, partie québécoise. Lettre de l'abbé E. Préseault à Mme Jos. Closson, présidente de la Fédération.

Le 22 juin : congrès de fondation de la Fédération agronomique des cercles de fermières, district n° 15 (Gatineau, Pontiac, Papineau). Présidente : Mme P. Joanis, Maniwaki (Québec).

Le 14 septembre : mémoire sur l'Union catholique des femmes rurales de l'abbé E. Préseault présenté à Mgr A. Vachon.

Le 26 octobre : approbation de l'**Union catholique des femmes rurales**, parties ontarienne et québécoise, par Mgr Vachon.

Le 26 octobre : Union de la Fédération diocésaine des dames fermières (Québec) et de la Section féminine de l'UCFO (Ontario) : **Union catholique des femmes rurales**.

1944 Le 8 septembre : réunion à Montréal des aumôniers de l'UCC; objet : fondation d'une section féminine.

Le 14 septembre : l'Union catholique des femmes rurales du diocèse d'Ottawa, partie québécoise, demande de s'affilier à l'UCC.

Le 5 octobre : convocation des présidentes des cercles de fermières de la province de Québec.

Un comité provisoire est formé en vue de convoquer un congrès de fondation d'une section féminine de l'UCC.

Le 19 octobre : congrès du 20e anniversaire de l'UCC à Québec. Fondation de l'**Union catholique des fermières du Québec**. Regroupement des diocèses de Rimouski, Sherbrooke, Chicoutimi, Nicolet et Ottawa. Présidente : Mme Philippe Lapointe, Hébertville (Québec).

Le 25 octobre : affiliation de l'Union catholique des cultivateurs franco-ontariens à l'Association canadienne-française d'éducation de l'Ontario.

1945 Le 21 février : **Union catholique des fermières de la province d'Ontario**, nom officiel de la section féminine de l'UCCFO.

Le 26 juin : premier congrès de l'Union catholique des fermières de la province d'Ontario, à Wendover. Présidente : Mme Félix Quenneville, Saint-Isidore-de-Prescott (Ontario).

Le 10 septembre : premier congrès de l'Union catholique des fermières, partie québécoise, à Hull. Présidente : Mme Joseph Closson, Chenéville.

1947 Visite de l'agronome Georges Michaud dans la péninsule de Windsor.

1948 Le 21 novembre : à la demande de l'UCCFO, Georges Michaud fonde l'Union des familles rurales de Kent et Essex.

1949 Le 3 juillet : Antoine Titley, agronome francophone, engagé par l'UFRKE.

Le 4 décembre : premier congrès de l'Union des familles rurales de Kent et Essex, à Paincourt. Président : Adrien Caron.

1950 Antoine Titley engagé comme spécialiste chez Green Giant du Canada, Tecumseh (Ontario).

Le 10 décembre : deuxième congrès de l'Union des familles rurales de Kent et Essex, à Belle-Rivière. Président : Raoul Gagner; deuxième vice-présidente : Mme Léo Massé; troisième vice-présidente : Mme Alcide Caron.

1957 L'**Union catholique des fermières du Québec** (UCF) devient l'**Union catholique des femmes rurales** (UCFR). Elles veulent éviter toute confusion avec les cercles de fermières de l'État.

Antoine Titley devient agronome dans le comté de Pontiac au Québec.

1966 L'Union catholique des femmes rurales du Québec devient l'**Association féminine d'éducation et d'action sociale** (AFEAS) (née de la fusion des cercles d'économie domestique et des cercles de l'Union catholique des femmes rurales).

1969 L'Union catholique des fermières de la province d'Ontario devient l'**Union culturelle des Franco-Ontariennes** (UCFO).

BIBLIOGRAPHIE

Ambrose, M. Linda (1995), « What Are the Good of Those Meetings Anyway ? Early Popularity of the Ontario WIs », dans *Ontario History*, Vol. LXXXVII, No. 1, Mars.

Ambrose, M. Linda (1996), *For Home and Country. The Centennial History of the Women's Institutes in Ontario*, Erin (Ontario), Boston Mills Press.

Ambrose, M. Linda (1996), « The Women's Institutes of Northern Ontario 1905-1930 : Imitators or Innovators », dans Margaret Kechnie et Marge Reitsma-Street (eds.), *Changing Lives : Women and the Northern Ontario Experience*, Toronto, Dundurn Press.

Ball, Rosemary, R. (1975), « A Perfect Farmer's Wife : Women in the 19th Century Rural Ontario », *Canada : An Historical Magazine*, 3 : 3-21, décembre.

Bartez, Alice (1982), *Famille, travail et agriculture*, Paris, Economica.

Bergeron, Jeannette (1991), « Les cercles de Fermières du Québec », dans Naomi Black et coll., *Femmes et vie rurale au Québec et en Aquitaine*, Colloque des 10 et 11 mai 1990, Éditions de la Maison des sciences de l'homme d'Aquitaine.

Bouchard, Georges (1926), *Les petites industries féminines à la campagne*, mémoire de la Société royale du Canada, troisième série.

Bourque, Gilles et Jules Duchastel (1988), *Restons traditionnels et progressifs*, Montréal, Boréal.

Brault, Lucien (1965), *Histoire des Comtés Unis de Prescott et Russell*, L'Orignal (Ontario), Conseil des Comtés Unis.

Braun, Armand (1965), « La promotion des femmes », *La promotion sociale en agriculture*, Paris, Cujas, p. 102-112.

Cardinal, Linda (1996), « Des voies/voix en écho, le français dans les études féministes en milieu francophone québécois et non québécois », dans *De la polyphonie à la symphonie. Méthodes, théories et faits de la recherche pluridisciplinaire sur le français au Canada*, sous la direction de Jürgen Erfurt, Leipzig, Leipziger Unisersitätsverlag.

Chabot, Danielle (1990), *Histoire d'autonomie : des femmes de 45 à 65 ans*, Groupe de recherche multidisciplinaire féministe, Québec, Université Laval.

Cleverdon, Catherine L. (1974), « Ontario the Pioneer », dans *The Women Suffrage Movement in Canada*, 2e édition, Toronto, University of Toronto Press, p. 19-45.

Cohen, Yolande (1980), « L'histoire des femmes au Québec (1900-1950) », *Recherches sociographiques*, vol. 2 : 339-345, sept.-déc.

Cohen, Yolande (1988), « Les cercles de fermières : une contribution à la survie du monde rural ? », dans *Recherches sociographiques*, XXIX, 2-3 : 311-327.

Cohen, Yolande (1990), *Femmes de parole. L'histoire des cercles de fermières du Québec 1915-1990*, Montréal, Éditions du Jour.

Cohen, Yolande (1991), « La participation des femmes à la modernisation du monde rural », dans Bernard Vachon et coll., *Le Québec rural dans tous ses états*, Montréal, Boréal, p. 167-183.

Collectif (1989), *AFEAS de Piopolis 1966-1986 : 20 ans d'enrichissement*, Sherbrooke, Éditions Louis Bilodeau & Fils.

Collectif (1986), *Sarsfield 100, 1886-1986. Cent ans d'amour ça ne s'oublie pas, ça se fête*, Sarsfield.

Collectif Clio (1982), *L'histoire des femmes au Québec depuis quatre siècles*, Montréal, Quinze.

Conseil de l'aménagement rural Canada (1979), *Étude sur les femmes rurales : leurs occupations, leurs besoins et leur rôle dans le développement rural*, Hull (Québec).

Côté, Ethel (1986), *Plus qu'hier moins que demain*, Ottawa, Prise de Parole.

Crowley, Terry (1986), « The Origins of Continuing Education for Women : The Ontario Women's Institutes », dans *Les Cahiers de la femme*, 7-3 : 78-81, automne.

Cuthbert Brandt, Gail (1991), « Les origines et le développement des cercles de fermières au Québec et des groupements féminins en Gironde », dans Naomi Black et coll., *Femmes et vie rurale au Québec et en Aquitaine*, Colloque des 10 et 11 mai 1990, Éditions de la Maison des sciences de l'homme d'Aquitaine, p. 35-46.

Darroch-Lozowski et coll. (1997), *Not One, but Many. On the Centennial of the Women's Institute 1897-1997*, Manitoulin Island (Ontario), Ice Lake Press.

Désilets, Alphonse (1928), *Manuel-guide des cercles de fermières*, Ministère de l'Agriculture de la province de Québec, Service de l'Économie Domestique.

De Vuyst, Paul (1911), *Le rôle social de la fermière*, Bruxelles, Albert Dewit.

Dion, Suzanne (1991), « Les agricultrices Québécoises depuis 1981 », dans Naomi Black et coll., *Femmes et vie rurale au Québec et en Aquitaine*, Colloque des 10 et 11 mai 1990, Éditions de la Maison des sciences de l'homme d'Aquitaine, p. 23-34.

Dumont-Johnson, Micheline (1981), « La parole des femmes », dans Fernand Dumont, *Idéologies au Canada français 1940-1976*. Tome II : *Les mouvements sociaux — les syndicats*, Québec, Les Presses de l'Université Laval, p. 5-45.

Federated Women's Institutes of Ontario (1972), *Ontario Women's Institute Story. In Commemoration of the 75th Anniversary of the Founding of the Women's Institute of Ontario*, Toronto.

Fédération diocésaine des cercles de fermières du diocèse d'Ottawa (1941), *Constitutions de la Fédération Diocésaine des Cercles de Fermières d'Ottawa*, Ottawa, Secrétariat de la Fédération.

Gaffield, Chad (1993), *Aux origines de l'identité franco-ontarienne*, Ottawa, Les Presses de l'Université d'Ottawa, coll. « Amérique Française ».

Gervais, Solange (1977), « L'Association féminine d'éducation et d'action sociale : un mouvement qui s'adapte », *Relations*, 37 : 24-35, janvier.

Girouard-Décarie, Jeanne (1973), « La fermière canadienne-française », *Québec-Histoire*, 2 : 32-36, hiver.

Graff, Linda, L. (1982), « Industrialization of Agriculture : Implications of the Position of Farm Women », dans *Resources for Feminist Research*, 11 : 10-11, March.

Grimard, J. et G. Vallières (1986), *Travailleurs et gens d'affaires canadiens-français en Ontario*, Montréal, Études Vivantes.

Guillaumin, Colette (1978), « Pratique du pouvoir et idée de nature. 1 : L'appropriation des femmes », *Question féministes*, 2 : 5-30, février, Paris, E. Tierce.

Guillaumin, Colette (1978), « Pratique du pouvoir et idée de nature. 2 : Le discours de la nature », *Questions féministes*, 3 : 5-29, mai, Paris, E. Tierce.

Jaenen, Cornelius J. (1993), *Les Franco-Ontariens*, Ottawa, Les Presses de l'Université d'Ottawa.

Juteau, Danielle (1981), « Visions partielles, visions partiales : visions des minorités en sociologie », *Sociologie et sociétés*, 13, 1 : 33-48.

Juteau, Danielle et Nicole Laurin (1988), « L'évolution des formes de l'appropriation des femmes : des religieuses aux "mères porteuses" », *The Canadian Review of Sociology and Anthropology*, 25, 2 : 183-207.

Juteau, Danielle et Nicole Laurin (1997), *Un métier et une vocation. Le travail des religieuses au Québec de 1901 à 1971*, Les Presses de l'Université de Montréal.

Lamoureux, Jocelyne, Michèle Gélinas et Katy Tari (1993), *Femmes en mouvement. Trajectoire de l'Association féminine d'éducation et d'action sociale (AFEAS) 1966-1991*, Montréal, Boréal.

Legros, Hector et Sœur Paul-Émile, s.g.c. (1949), *Le diocèse d'Ottawa*, 1847-1948, Ottawa, *Le Droit*.

Leroux, Rhéal & Associés (1989), *Union culturelle des Franco-Ontariennes*, Plan de développement, Ottawa.

Létourneau, Firmin (1949), « L'Union catholique des fermières », dans *L'U.C.C.*, Montréal, Imprimerie populaire, p. 226-235.

Lévesque, Andrée (1984), *Virage à gauche interdit. Les communistes, les socialistes et leurs ennemis au Québec 1929-1939*, Montréal, Boréal Express.

MacDonald, Cheryl (1986), *Adelaide Hoodless : Domestic Crusader*, Toronto, Dundurn Press.

Marchand, Azilda (1980), « Les femmes au foyer hier et demain », *Canadian Women's Studies*, 2 : 46-48.

Michaud, Georges (1947), *Visites dans les campagnes des Comtés de Kent et Essex, en Ontario, du 29 juin au 1er juillet 1947*, UCFO.

Michaud, Georges (1978), « Une réussite aux avant-postes », *Vivre plus*, vol. 1, n° 8.

Migner, Robert (1980), « L'encerclement agriculturiste », dans *Quand gronde la révolte verte*, Montréal, La Presse, p. 96-101.

Monet-Chartrand, Simone (1990), *Pionnières québécoises et regroupements de femmes d'hier à aujourd'hui*, Montréal, Éditions du Remue-ménage.

Monière, Denis (1977), *Le développement des idéologies au Québec*, Montréal, Québec/Amérique.

Morisset, Michel (1987), *L'agriculture familiale au Québec*, Paris, L'Harmattan.

Ouellette, Françoise-Romaine (1986), *Les groupes de femmes du Québec en 1985 : champs d'intervention, structures et moyens d'action*,

Rapport de recherche Consult-action, Conseil du statut de la femme du Québec.

Picard-Pilon, Louise (1979), « Être femme et autonome : le défi de l'A.F.E.A.S. », *Possibles*, 4 : 131-135, automne.

Robertson Scott, J.W. (1925), *The Story of the Women's Institute Movement in England and Wales and Scotland*, Idbury, Kingham, Oxon, The Village Press.

Therrien, Rita et Louise Coulombe-Joly (1984), *Rapport de l'AFEAS sur la situation des femmes au foyer*, Montréal, Boréal Express.

Turcotte, Gaston (1981), « L'idéologie au Québec rural au milieu du siècle », « Le foyer rural, 1946-1955 », dans F. Dumont, *Idéologies au Canada Français, 1940-1976. Histoire et sociologie de la culture*, tome 1, Québec, Les Presses de l'Université Laval.

Union catholique des fermières (1949), *Buts, organisation, programme, statuts*, Secrétariat général de l'U.C.F., Montréal.

Union catholique des fermières de la province d'Ontario (1947), *Statuts généraux 1937-1947*, Secrétariat général, Ottawa.

THÈSES

Chenard, Claire (1981), « Les cercles de fermières, une appellation tronquée », M.A. sociologie, Université Laval.

Coulombe, Danièle (1981), « La femme des années 30 : une image dans *Châtelaine* et les pages féminines du *Country Guide* et de *La Revue Moderne* 1919-1939 », M.A. sociologie, Université d'Ottawa.

Desjardins, Ghislaine (1983), « Les Cercles de fermières et l'action féminine en milieu rural en 1915-1944 », M.A. histoire, UQAM.

Farmer, Diane (1984), « Dynamique interne et développement communautaire : une étude comparative », M.A. sociologie, Université d'Ottawa.

Ferguson, Marie-Louise (1981), « The Role Participation and Life Satisfaction of Married Women in Rural Ontario Community », M.A. sociology, University of Guelph.

Gravel, Jacques (1980), « Quelques aspects de la vie des Franco-Ontariens durant les années de la Grande Dépression (1930-1939) », M.A. histoire, Université York, Toronto.

Labelle, Marielle (1984), « La reproduction de l'appropriation dans les organismes francophones dans le Nord de l'Ontario : 1850-1950 », M.A. sociologie, Université d'Ottawa.

Leblanc, Louise (1987), « La scission des Fermières : dissidence et autonomie : 1937-1950 », M.A. histoire, Université de Sherbrooke.

Letendre, Jean (1981), « Les cercles de fermières au Québec, 1915-1931. Un exemple d'encadrement politique d'un mouvement populaire féminin », M.A. histoire, Université de Sherbrooke.

DOCUMENTS

1939 *Pourquoi, comment.* Petit guide à l'usage des Dames de l'U.C.C., publication de l'U.C.C. diocésaine de Rimouski.

1949 Caron, Marie-Anna, *L'Union catholique des fermières*, Secrétariat général de l'U.C.F., Montréal.

1976 *Soyons Unies*, Spécial 10e anniversaire AFEAS de Rimouski, Secrétariat AFEAS, Rimouski.

1986 *L'A.F.E.A.S. a vingt ans*, Bas-St-Laurent-Gaspésie 1966-1986, Association féminine d'éducation et d'action sociale, Impressions des Associés Inc., Rimouski.

1997 Mariline S. Lafond, *Les 75 ans du Cercle de Fermières de Rimouski*, Secrétariat des Cercles de Fermières de Rimouski.

Le papier utilisé pour cette publication satisfait aux exigences minimales contenues dans la norme American National Standard for Information Sciences – Permanence of Paper for Printed Library Materials, ANSI Z39.48-1992.

Achevé d'imprimer en août 2000 chez
VEILLEUX
IMPRESSION À DEMANDE INC.
à Longueuil, Québec